Anna Laven
Meine Apotheke

Kompetenz zeigen, Kunden binden,
die eigene Marke aufbauen

Hüte Dich vor allem halben Wollen.
Sei entschlossen zur Trägheit, wie zur Tat.
Denn wer Blitz sein will, muss lange Wolke sein.
(Nach Friedrich Nietzsche)

Anna Laven

Meine Apotheke

Kompetenz zeigen, Kunden binden,
die eigene Marke aufbauen

Bibliografische Information der Deutschen Bibliothek
Die Deutsche Bibliothek verzeichnet diese Publikation in der Deutschen Nationalbibliografie; detaillierte bibliografische Daten sind im Internet unter http://dnb.dbb.de abrufbar.

Hinweis
Geschützte Warennamen (Warenzeichen) werden nicht besonders kenntlich gemacht. Aus dem Fehlen eines solchen Hinweises kann also nicht geschlossen werden, dass es sich um einen freien Warennamen handelt. Die erwähnten Handelsnamen wurden lediglich beispielhaft bzw. aus didaktischen Überlegungen heraus gewählt.

ISBN: 978-3-7741-1242-1

© 2014 Govi-Verlag Pharmazeutischer Verlag GmbH, Eschborn

Hinweis: Entsprechend dem deutschen Sprachgebrauch ist aus Vereinfachungsgründen für dieses Buch die ausschließliche Verwendung der männlichen Form gewählt worden; diese schließt die weibliche Form jeweils ein.

Titelfoto: @ aldomurillo/Stock photo

Das rote gotische Apotheken-A mit Kelch und Schlange ist eine eingetragene Marke des Deutschen Apothekerverbands e. V.

Satz: Fotosatz H. Buck, Kumhausen/Hachelstuhl
Druck: Fuck Druck und Verlag, Koblenz

Inhalt

Vorwort

Liebe Kolleginnen und Kollegen,
liebe Leserinnen, liebe Leser,

Sie halten ein Praxis-Buch in Ihren Händen – nach »Hilfe ein Kunde«, in dem es um schwierige Kunden ging, können Sie nun mit diesem Buch an Ihren Alltag rangehen und überlegen, welche der hier beschriebenen Bausteine Sie umsetzen können und wollen. Gehen Sie Schritt für Schritt vor, dann ist es auch gut zu schaffen. Und motivieren Sie Ihr Team, mitzumachen: Das wird gut sein für Ihre Kunden, gut für Ihre Apotheke und gut für Sie.

Die Inhalte dieses Buchs konnten durch die zahlreichen Seminare und die Gespräche mit den Seminarteilnehmern sowie mit den Trainern unseres Teams entstehen. Ihnen allen danke ich ganz herzlich für die anregenden Gespräche und die Umsetzung der Trainingsinhalte im Apothekenalltag. Es freut mich immer wieder, zu sehen, wie gut es funktioniert.

Mein besonderer Dank gilt Birgit Carl, meiner langjährigen Kollegin und Freundin und, wie wir sagen, meinem »zweiten Kopf«, für die immerwähren- de, unermüdliche Unterstützung, den Ideenaustausch und viele Stunden Diskussionen über das, was Sie nun komprimiert lesen können.

Und nun starten Sie durch: viel Freude beim Umsetzen!

Im November 2013   Anna Laven

Einleitung

Jährlich wächst die Menge an Informationen um etwa ein Drittel an. Für jede Apotheke ist es überlebensnotwendig, auf dem Laufenden zu bleiben. Das gilt für das Umsetzen gesetzlicher Neuregelungen ebenso wie für die pharmazeutische Fortbildung der Mitarbeiter. Funktioniert der Informationsfluss nicht oder fehlt eine institutionalisierte Umsetzungshilfe, verfügt das Team innerhalb weniger Jahre nur noch über einen Bruchteil des Wissens, das für eine exzellente Leistung notwendig wäre. So würde man nach wenigen Jahren ohne Fort- und Weiterbildung nur noch über etwa ein Drittel des zur regelrechten Ausübung des Berufs notwendigen Wissens zurückgreifen können. Bei einem funktionierenden Wissensmanagement geht es indes nicht nur darum, Informationen zu dokumentieren und auffindbar zu machen. Vielmehr sollten Lösungsstrategien für alle Mitarbeiter im Alltag transparent und wiederholbar sein. Die Leitlinien der Bundesapothekerkammer zur Beratung geben zwar vor, wie beraten werden sollte. Allerdings ist deren Aufgabe nicht, die pharmazeutisch-fachlichen Inhalte zusammenzustellen. Das für die Beratung nötige Fachwissen und gegebenenfalls die aktuelle Studienlage muss sich jeder pharmazeutische Mitarbeiter selbst erarbeiten.

Dieses Buch möchte eine klare, nachvollziehbare Umsetzungshilfe zur Kompetenzsteigerung des Apothekenteams sein. Wie erworbene Kompetenz nach außen sichtbar wird, erläutern die Kapitel 1 und 2. Ein Ausflug ins **Marketing zeigt**, was Marken sind und wie man aus der eigenen Apotheke eine Marke machen kann, damit alle Mitarbeiter einheitlich auftreten und einheitlich beraten. Anschließend werden die verschiedenen Kundensegmente betrachtet und es wird erläutert, wie man sich auf welche Kunden optimal vorbereiten kann, um die unterschiedlichen Kundengruppen in der Apotheke ihrem Bedarf gemäß anzusprechen.

Kunden langfristig zu binden gelingt besonders gut durch kompetente Kundengespräche. Damit ein Kundengespräch funktioniert, ist fundiertes Fachwissen nötig. Fachwissen alleine aber reicht nicht aus. Vielmehr ist die Einhaltung von kommunikativen Regeln besonders wichtig – schließlich wird mit dem Gespräch ein bestimmtes Ziel verfolgt. Der Apothekenkunde soll dazu bewegt werden, etwas zu tun: unserem Rat folgen, ein Arzneimittel kaufen, ein Arzneimittel korrekt anwenden, zum nächsten Gespräch oder bei der nächsten Erkrankung in unsere Apotheke kommen. Jedes Beratungs-

und Verkaufsgespräch gliedert sich in unterschiedliche Phasen, die jede für sich ihre Bedeutung und Wichtigkeit hat. Jede dieser Phasen muss sorgfältig geplant und durchgeführt werden, denn nur so kann das Vertrauen des Kunden gewonnen werden. Ein positiver Gesprächsabschluss trägt maßgeblich zur **Arzneimitteltherapiesicherheit** bei. Die sorgfältige Strukturierung unterscheidet ein Apothekengespräch von einem »Plaudergespräch«. Das Kapitel 4.3 befasst sich mit den einzelnen Phasen des pharmazeutischen Gesprächs. Zusätzlich gibt es einen Workshop-Vorschlag zum Trainieren Ihres gesamten Apothekenteams zu diesem Thema (Kapitel 6.1).

Das Kapitel »**Kompetenzmanagement für die Apotheke**« beschreibt, wie Sie ein Kompetenzmanagementsystem in Ihrer Apotheke etablieren können. Unter Kompetenz versteht man laut Duden die »Befähigung, Begabung, Beschlagenheit, Fähigkeit, Fertigkeit, Können, Qualifikation, Sachverstand, Sachverständnis, Talent« einer Person, ihr zugedachte Aufgaben zu erledigen. Es reicht also nicht aus, die Fähigkeit zu etwas zu haben. Man muss diese Fähigkeit vielmehr in Handlung umsetzen und wirklich tun, was man beherrscht. Aus diesem Grund erkennt man eine vorhandene Kompetenz an dem Verhalten, das von Anderen wahrnehmbar ist. Während also eine »Fähigkeit« die grundsätzliche Möglichkeit beinhaltet, etwas zu tun, ist eine »Kompetenz« die daraus entstehende Handlung. Umgangssprachlich ausgedrückt könnte man auch sagen, Kompetenz bedeutet, im richtigen Augenblick das Richtige zu tun. So ist Kompetenz letztlich nichts anderes als situativ richtig angewandtes und umgesetztes Wissen. Kompetente Menschen handeln und denken selbstorganisiert, sowohl in Bezug auf sich selbst als auch in Bezug auf andere, setzen ihr Fachwissen ein und sind handlungsfähig. Anders als »Qualifikation« ist Kompetenz eng verknüpft mit Wesen und Werthaltung von Menschen, Gruppen oder Organisationen und befähigt diese, für eine unsichere Zukunft gewappnet zu sein. Arbeiten Sie also an Ihrer Kompetenz und an der Kompetenz Ihres Teams, indem Sie die benötigten Kompetenzen identifizieren, den Änderungsbedarf definieren und die entsprechenden Schulungsmaßnahmen einleiten.

»Führen durch Erfahrung bedeutet, dass die Zukunft nur so werden darf, wie die Vergangenheit war.«

Rolf Arnold

1 Die Apotheke als Marke

Es ist wichtig, aber auch möglich, sich durch besondere Leistungen und durch einen persönlichen Auftritt von anderen zu unterscheiden. Diese Unterscheidung trägt neben der korrekten und motivierenden Kommunikation maßgeblich zu Ihrer Existenzsicherung bei.

Wir kaufen gerne dann, wenn wir in eine bestimmte Leistung vertrauen. Als bekannte, vertrauensbildende Maßnahme dienen Marken. Diese versprechen, bestimmte Leistungsmerkmale konstant einzuhalten. Dadurch wird die Entscheidung in gewisser Weise erleichtert und das Risiko minimiert. Man kann getrost davon ausgehen, das zu bekommen, was versprochen wird.

Die Apotheke als Marke zu positionieren bedeutet, dieses Versprechen der gleichbleibenden Qualität in einer Art und Weise abzugeben, dass unsere Kunden sich gefühlsmäßig für uns entscheiden können.

Eine Marke ist das, was ein Produkt oder eine Dienstleistung mit gleichen Eigenschaften unterscheidet und einzigartig macht. Apothekenkunden nehmen Apotheken durchaus als starke Marke wahr, nicht zuletzt aufgrund des roten Apotheken-A. Will sich jedoch eine Apotheke von einer anderen Apotheke unterscheiden und positiv auf sich aufmerksam machen, so ist das weitaus schwieriger. Denn grundsätzlich liefert jede Apotheke »Qualität«: Schnell verfügbare, qualitativ hochwertige Arzneimittel zu niedrigen Preisen an mindestens sechs Tagen pro Woche. Fehlt einmal ein Arzneimittel, ist es innerhalb weniger Stunden beschafft und wird sogar häufig ohne Aufpreis nach Hause gebracht. Manche Apotheken sind preisaktiver als andere, vielleicht fallen auch die kostenlosen Zugaben in manchen Apotheken opulenter aus als in anderen – aber im Grunde genommen haben wir es mit fast identischen Dienstleistungen und Produkten vergleichbarer Qualität zu tun. Und da Kunden sich unterscheiden und zudem wechselhaft verhalten, sei die Frage erlaubt: Was kann eine Apotheke tun, um sich deutlich und positiv von einer anderen Apotheke zu unterscheiden? Die Arzneimittel sind in jeder Apotheke die gleichen, die Preise sind bereits so niedrig wie möglich und die Distribution hat sich inzwischen auf eine Mischung von Präsenzapotheke und Internetversand nivelliert. Es wird zur Herausforderung, sich von den Anderen abzugrenzen. Einige versuchen, einen Preis für eine bestimmte Zeit zu senken, um Kunden dauerhaft zufrieden zu stellen. Das ist aus theoretischen Überlegungen ungeschickt. Viel wahrscheinlicher ist, dass der Ärger des Kunden bei der auf die Preissenkung folgenden Preiserhöhung folgt. Auch können Tiefpreisapotheken nicht bestehen, wenn es darum geht, Kunden dauerhaft zufrieden zu stellen, denn sie können nicht die benötigte Beratung anbieten. Was kann die Apotheke also tun? Der informierte Kunde kann zwar jede nur erdenkliche Information über Arzneimittel im Internet bekommen. Wenn er der englischen Sprache mächtig ist, kann er sich sogar bestens zu verschreibungspflichtigen Arzneimitteln informieren. Entscheidungsfähig ist er deshalb aber noch lange nicht, denn häufig kann er nicht zwischen der Qualität der zahlreichen Informationsquellen unterscheiden. Im einundzwanzigsten Jahrhundert spielt der Apotheker als Lotse eine größere Rolle denn je. Sich auf dem Feld »Wissen, Kommunikation und Dienstleistungsbereitschaft« zu positionieren, eröffnet viele Unterscheidungsmöglichkeiten, die jede Apothekenleitung entsprechend der vorhandenen Kompentenzprofile ihrer Mitarbeiter zu einer individuellen Marke ausarbeiten kann. Wenn wir uns von Anderen unterscheiden wollen, so wird das nicht ausschließlich über unser Produktangebot oder unsere Apothekeneinrichtung möglich sein, sondern ganz maßgeblich über die Kompetenzprofile unserer Mitarbeiter: im Bereich Fachwissen, im Bereich Sozialverhalten und Repräsentanz, und im Bereich Methoden.

Die Apothekenbetriebsordnung mit ihrer Verpflichtung zur pharmazeutischen Beratung schenkt uns die einmalige Chance, etwas zu ändern. Wir können das Profil unserer Apotheke schärfen, damit der Kunde spürt, bei uns einen deutlichen Mehrwert zu erhalten. Die Voraussetzung dafür ist die persönliche Einstellung eines jeden Mitarbeiters.

1.1 Markentreiber Nummer 1: Die persönliche Einstellung der Teamitglieder

»Ich bin stolz darauf, in der öffentlichen Apotheke zu arbeiten«

Hand aufs Herz, wann haben Sie das zuletzt gedacht? Identifizieren Sie sich mit Ihrer Apotheke und bewundern Sie sich selber (zurecht) dafür, dass Sie sich um die Gesundheit von Menschen kümmern? Was sagen Sie Ihren Freunden und Verwandten, wenn diese Sie fragen, wie es denn in der Apotheke zugeht? Sagen Sie, dass Sie ein Handlanger der Krankenkassen sind, völlig genervt, weil Sie die Rabattverträge zu erfüllen haben, zu wenig verdienen, dem Staat ausgeliefert sind oder Ihrem Arbeitgeber? Oder machen Sie Ihren Bekannten Lust auf Apotheke, überzeugen Sie sie, dass sie bei Ihnen gut aufgehoben sind, empfehlen Sie den Beruf weiter? Werden Sie bewundert für Ihre Funktion oder bemitleidet? Möchte man mit Ihnen tauschen? Haben Sie ausreichend Neider, oder ist es eher umgekehrt, dass Sie andere beneiden, anstatt beneidet zu werden? Für diese Einstellung sind Sie ganz persönlich verantwortlich.

»Ich bin stolz darauf, in meiner Apotheke zu arbeiten«

Übertragen Sie Ihren Stolz auf den Beruf auf Ihre ganz persönliche Apotheke. Es ist dabei völlig zweitrangig, ob Ihnen die Apotheke gehört, ob Sie dort ganztägig beschäftigt sind oder nur ab und an: In der Wahrnehmung des Kunden, den Sie bedienen, machen Sie 100 Prozent der persönlichen Apothekenkontakte aus. Man sagt: Jede Kette ist so stark wie ihr schwächstes Glied. Grund genug, um sich mit allen Wahrnehmungsbestimmern zu beschäftigen, also mit den Dingen, die der Kunde wahrnimmt, mit Hilfe derer er seine Meinung bildet und die ihn so handeln lassen, wie er es tut. Übrigens: Er wird auch Sie Teil dieser Bewertung werden lassen. Auch wenn Sie nur eine Teilzeitkraft sind, wird der Apothekenkunde Sie als großen Teil der Apotheke betrachten und beurteilen.

> Stellen Sie sich folgende Frage: Was unterscheidet meine Apotheke von anderen Apotheken in der Wahrnehmung des Kunden? Wie wirkt meine Apotheke und wie wirken meine Mitarbeiter oder Kollegen?

Die hier genannten Aspekte sind nicht nur strategischer Natur. Sie müssen durch die Apothekenleitung vorgedacht werden und anschließend durch das komplette Team umgesetzt werden. Es genügt nicht, dass einer will – es müssen alle tun. Das beginnt häufig mit einer persönlichen Einstellung. Übernehmen Sie ganz persönlich Verantwortung für Ihre Apotheke. Vorbei sind die Zeiten, in denen einer verkauft, ohne auch nur einen Gedanken daran zu verschwenden, ob alles richtig gemacht wurde, irgendein Mitarbeiter das letzte Gefäß in der Rezeptur benutzt, ohne zu spülen, das letzte Präparat abgibt, ohne nachzubestellen, die letzte Flasche Mineralwasser trinkt oder eine Kopiervorlage ausfüllt, anstatt sie zu kopieren: Machen Sie Sorgfaltspflicht und Ordnung zur Strukturvorgabe für Ihre Apotheke und als Verhaltenskodex verbindlich für alle.

TIPP FÜR DEN ALLTAG:

Bereiten Sie sich inhaltlich und kommunikativ darauf vor, jedem Kunden bei jedem Besuch zu jedem Arzneimittel die optimale Beratung und die pharmazeutische Komplettlösung zu empfehlen – alles das, was Sie für ihn tun können, auch zu tun. Nehmen Sie sich außerdem vor, als verantwortungsbewusster Kollege und Mitarbeiter den Blick fürs Ganze zu bewahren und jederzeit mitzudenken, mitzuhelfen und mitzuarbeiten. Und wenn Sie das alles noch mit Freundlichkeit, Zuversicht und guter Laune würzen, werden Sie unschlagbar.

1.2 Markentreiber Nummer 2: Mein Kunde steht vor der Apotheke – Wie bekomme ich ihn hinein?

Der Außenauftritt der Apotheke in einem 10-Punkte-Programm

Wann haben Sie in Ihrer Apotheke zuletzt eine Kundenumfrage gemacht, um zu erfahren, warum Ihre Kunden genau zu Ihnen kommen – ist es, weil sie gerade zufällig auf dem Weg liegen, oder können Ihre Kunden Ihnen Gründe nennen, um genau Ihre Apotheke aufzusuchen? Apothekenkunden können nämlich schlecht eine Apotheke von der Anderen unterscheiden. Lassen Sie uns daher Unterscheidungsmöglichkeiten für Ihre Apotheke sammeln: Dinge, die Ihre Apotheke von einer anderen Apotheke positiv unterscheiden können.

Woran merken Ihre Kunden, dass Sie sich auf sie freuen? Ist es bei Ihnen vielleicht hell, freundlich, aufgeräumt und sauber und steht die Tür einladend offen? Vielleicht haben Sie draußen auch einige Heilpflanzen in Kübeln aufgestellt und halten für die Kinder Luftballons bereit?

Hier ist Ihr 10-Punkte-Programm, um mehr Kunden dazu zu bewegen, in Ihre Apotheke zu kommen:

1. **Erwartungen erfüllen**
   Entspricht die Apotheke von außen der Kundenerwartung? Folgende Informationen erwartet Ihr Kunde bereits von draußen lesen zu können:

   - Notdiensttafel: Wer hat aktuell Notdienst, und wie ist die notdiensthabende Apotheke telefonisch zu erreichen? Welche Ärzte in der Nähe haben Notdienst, welche Krankenhäuser haben eine Notaufnahme, und wie sind sie jeweils zu erreichen?

   - Name des Besitzers: Wer trägt die persönliche Verantwortung in dieser Apotheke?

   - Bilder der Mitarbeiter und ihre Spezialisierung: Sorgen Sie für mehr persönlichen Kontakt, indem Sie Qualifikationen ausweisen und für einen größeren Bekanntheitsgrad, indem Sie sich »zeigen«.

   - Öffnungszeiten: Von wann bis wann sind Sie zu erreichen? Wie können Sie erreicht werden, wenn außerhalb der Öffnungszeiten und der Notdienstbereitschaft ein Kunde dennoch Kontakt zu Ihnen aufnehmen möchte?

• Besondere Auszeichnungen: Haben Sie etwas Besonderes erreicht, tragen Sie es nach außen. Engagieren Sie sich in bestimmten Bereichen außergewöhnlich stark, so sollte das jeder Ihrer Kunden erfahren.

• Information über das Leistungsspektrum, z. B. auch als Film im Schaufenster. Viele Ihrer Kunden kennen nicht Ihr komplettes Leistungsspektrum. Lassen Sie sie daran teilhaben!

• Firmenphilosophie: Was sagen Sie über sich selber aus, was trägt Sie, was ist Ihre Vision und Mission? Formulieren Sie, was Sie als Apotheke begeistert, und teilen Sie es Ihren Kunden mit.

• Ein Hinweis darauf, was mit eingeworfenen Rezepten passiert: Ermutigen Sie Ihre Kunden, Rezepte auch außerhalb der Öffnungszeiten einzuwerfen, indem Sie bereits eine Aussage dazu machen, wann das entsprechende Arzneimittel verfügbar sein wird. Fordern Sie Ihre Kunden auf, Ihnen Angaben über Ihre Erreichbarkeit oder weitere Wünsche zu machen, indem Sie vorbereitete Formulare und einen Stift neben Ihrem Rezeptkasten aufhängen.

2. **Alleinstellungsmerkmal**
Woran kann Ihr Kunde bereits von außen erkennen, dass Ihre Apotheke besonders ist? Welche Leistungen bietet zum Beispiel in Ihrem Ort nur Ihre Apotheke an? Beispiele können sein: Öffnungszeiten 24 Stunden an jedem Wochentag, eine bestimmte Spezialisierung der Mitarbeiter, die Ausrichtung auf zum Beispiel Homöopathie, Phytotherapie und Ernährungstherapie, eine besondere Freundlichkeit, Beratungskompetenz, Fortbildungsintensität, Sprachkenntnisse und Vieles mehr. Finden Sie heraus, was nur Sie können, und machen Sie darauf aufmerksam.

3. **Internet und soziale Netzwerke**
Ein aussagekräftiger, persönlicher Internetauftritt mit Vorbestellmöglichkeit gehört zum Standard eines ernstzunehmenden Angebotes. Wie sieht Ihr Internetauftritt aus? Ist Ihre Seite gepflegt und aktuell? Handelt es sich dabei eher um eine Seite, die mit einem standardisierten Baukastensystem erstellt worden ist, oder haben Sie eine individuelle, besondere Seite kreiert, die im Einklang mit Ihrer persönlichen Apotheke steht, so dass der interessierte Kunde sie dort wiedererkennt?

In welchen sozialen Netzwerken sind Sie aktiv, und wo kann man Ihre Meinung über Arzneimitteltherapiesicherheit lesen?

4. Vernetzung

Wie präsent sind Sie in der Öffentlichkeit? Machen Sie Radiowerbung, schreiben Sie Zeitungsberichte und engagieren Sie sich in Vereinsarbeit, beispielsweise bei Sport- und Fitnessclubs, Karnevalclubs, Schützenvereinen, Rotary Club, Lions Club? Arbeiten Sie mit weiteren Gesundheitsanbietern zusammen, wie zum Beispiel Krankenhäusern, Hospizen, Altenheimen? Dann sprechen Sie über Ihr Engagement und bieten Sie Ihre Unterstützung an. Machen Sie die Anderen stark, dann werden andere Sie stark machen.

5. Mund-zu-Mund-Propaganda

Wie reden Sie selber und Ihre Mitarbeiter über die Apotheke? Bedenken Sie, dass auch Ihre Freunde und Verwandte potenzielle Kunden sind. Darüber hinaus kennen Sie weitere Leute, mit denen Sie über das, was Sie bewegt, sprechen. Sorgen Sie dafür, dass ausschließlich Gutes über Sie und Ihre Apotheke erzählt wird, indem Sie selber damit anfangen.

6. Einheitliches Aussehen

Wenn Ihnen gesagt würde: »Stellen Sie sich das Logo einer großen amerikanischen Fast-Food Kette vor«, haben Sie dieses direkt vor Augen. Sie wissen im Normalfall unmittelbar, wie die Filialen aussehen, welche Speisen angeboten werden und wie teuer diese sind. Nehmen Sie einmal an, dass Sie plötzlich wach werden und in solch einer Filiale sind, woran erkennen Sie diese subjektiv?

Wie sieht es aus, wenn jemand in Ihrer Apotheke plötzlich wach wird? Sicher wird er merken, dass er in einer Apotheke ist – aber in welcher? Sorgen Sie durch einen persönlichen, einzigartigen Auftritt dafür, dass der Kunde jederzeit weiß, wo er ist. Hierzu gehört auch die Überreichung einer Imagebroschüre, aus der Ihr Leistungsangebot klar hervorgeht. Bekennen Sie sich auch zu Ihrem Namen, indem Sie stets ein gut lesbares Namensschild tragen. Stellen Sie sich Ihrem Kunden mit Namen vor und überreichen Sie ihm eine Visitenkarte mit allen nötigen Angaben, wenn Sie möchten, dass er wiederkommt! Machen Sie sich Gedanken darüber, wie Sie Ihre Kunden begrüßen: Heißen Sie jeden Kunden herzlich willkommen!

7. Gesundheit erleben

Welche aktiven Gesundheitsparts gibt es bei Ihnen zu erleben, und wie kann der Kunde daran teilnehmen? In welchen Medien oder von welchen Kooperationspartnern wird er dazu eingeladen? Wissen Ihre

Kunden, was Sie alles können? Häufig fällt aus Kundenmund der Satz »die Mädchen aus der Apotheke«. Das ist als Image zu wenig. Der aktivste Gesundheitspart, den ein Kunde bei Ihnen erleben kann, ist seine persönliche Beratung – wie ich auch später ausführlich darstellen werde.

8. Überraschung

Überlegen Sie sich einmal im Monat eine besondere Zuwendung für Ihre Kunden: ein bestimmter Tag soll ein besonderer Tag in Ihrer Apotheke sein, zum Beispiel jeder erste Dienstag im Monat oder jeder zweite Samstag. An diesem Tag gibt es immer besondere Überraschungen für Ihre Kunden. Sei es, dass Sie eine besondere Aktion machen für Kinder oder durch das Aufgreifen aktueller Themen auf Ihre Vielseitigkeit und Ihre Gesundheitskompetenz aufmerksam machen: bringen Sie zum Ausdruck, wie sehr Sie sich an Gesundheitsthemen erfreuen, und stecken Sie Ihre Kunden mit dieser Begeisterung an.

9. Aussagekräftiges Schaufenster und Gehwegaufsteller

Die Schaufensterdekoration wird häufig für aussagekräftiger gehalten, als sie eigentlich ist. Investieren Sie einmal zwei Euro und legen Sie einen Zettel ins Schaufenster mit der Aufschrift: »Wer das zuerst liest, bekommt zwei Euro«. Verbessern Sie die Aussagekraft Ihres Schaufensters so lange, bis dieser Zettel tatsächlich gelesen wird und die zwei Euro eingelöst werden. Prüfen Sie auch die Aussagen Ihres Gehwegaufstellers und sorgen Sie dafür, dass Informationen wechseln. Ansonsten hat sich ein Stammkunde schnell an das Bild gewöhnt und schenkt ihm keine Aufmerksamkeit mehr. Sowohl für die Schaufensterdekoration als auch für Gehwegaufsteller und andere visuelle Dekorationselemente gilt es, Einheitlichkeit, Einfachheit und Klarheit zu bieten und den Kunden visuell zu führen.

10. Flexibilität

Machen Sie sich Gedanken darüber, wie Sie sich auf Ihren Kunden einlassen können, und lernen Sie seine Sprache. Das kann bedeuten, dass Sie tatsächlich mehrere Fremdsprachen sprechen und jeden Ihrer Kunden in seiner Muttersprache zu beraten in der Lage sind. Das heißt aber vor allen Dingen, dass Sie sich auf die jeweilige Kultur und den jeweiligen Zustand Ihres Gesprächspartners wirklich einlassen können, weil Sie eine Ahnung davon haben, welche Wertigkeiten er mit seiner jeweiligen Erkrankung oder seinem Gesundheitszustand verbindet.

1.3 Markentreiber Nummer 3 – Wann fühlt sich mein Kunde wirklich bei mir wohl?

Die Apothekeninnenwelt und eine Step-by-Step-Anleitung für mehr Wohlbefinden für den (Fast-)No-Budget-Ansatz

Da der Kunde seine Entscheidungen meist emotional fällt, sollten wir alle Sinneswahrnehmungen, die er in der Apotheke erlebt und die alle zusammengenommen seine Entscheidung herbeiführen könnten, beachten. Dazu gehören visuelle, akustische, haptische und olfaktorische Eindrücke.

1.3.1 Visuelle Merkmale: Alles, was der Kunde sieht

Der Name der Apotheke oder »Oh wie gut, dass niemand weiß, dass ich Rumpelstilzchen heiß«: Wie heißt Ihre Apotheke und sind Sie sicher, dass Ihre Kunden das wirklich wissen – falls ja, woher wissen Sie das genau? Es wäre ja denkbar, dass Ihr Kunde zwar weiß, wo Ihre Apotheke ist, aber den genauen Namen nicht kennt. Schade, denn dann kann er Sie erstens nicht finden, wenn er Sie im Internet oder im Telefonbuch sucht, und darüber hinaus kann er keine Werbung durch Mund-zu-Mund-Propaganda für Sie machen, wenn er sich über Ihre Leistungsstärke oder über Ihr pharmazeutisches Fachwissen besonders gefreut hat. Ist Ihr Name anziehend und hat er eine Aussagekraft? Wie eine aktuelle Recherche ergeben hat, sind die beliebtesten Apothekennamen »Adler-Apotheke«, »Löwen-Apotheke«, »Stadt-Apotheke« und »Marien-Apotheke«, dicht gefolgt von zahlreichen Rosen-, Rathaus-, Hirsch- und Marktapotheken. Wie heißt denn Ihre? Ist der Name kongruent mit dem, was Sie tun und wie Sie wahrgenommen werden möchten? Es wäre zum Beispiel sehr kontraproduktiv, wenn in der Vital-Apotheke ein paar müde bekittelte Gestalten rumhingen, die Mitarbeiter der Löwen-Apotheke kaum zu verstehen wären oder es in der Rosen-Apotheke nach Kanal riechen würde (wobei Letzteres auch in der Kanal-Apotheke nicht gut ankommen würde). Was also tun Sie dafür, dass Ihr Name ein positives Unterscheidungskriterium ist, mit dem die Wahrnehmung des Kunden gestärkt wird?

Ihr eigener Name: Für den Fall, dass Ihr Kunde hereinkommt und Sie nicht mit Ihrem Namen anredet, kann es sein, dass er Ihren Namen nicht kennt. In diesem Fall sollten Sie sich vorstellen und ihm sagen, wie Sie heißen. Erwarten Sie nicht, dass der Kunde Ihren Namen kennt, weil er Sie einmal gesehen hat oder weil Sie Ihren Namen in winzig kleinen Buchstaben auf Ihrem Namensschild tragen – auf eine solche Entfernung können die meisten Menschen, vor allem Ältere, nichts entziffern. Stellen Sie sich also vollständig Ihrem Kunden vor: »Guten Tag! Ich bin Anna Laven und arbeite hier als Apothekerin. Ich bin heute für Sie da.« Haben Sie eine bestimmte Spezialisierung, so kann diese auch in diesem Zusammenhang genannt werden.

Die Zugehörigkeit zu einer Kooperation wird von vielen Apotheken als Unterscheidungskriterium zitiert, von den Kooperationen erst recht. Wie haben Sie denn Ihre Zugehörigkeit zu Ihrer Kooperation sichtbar gemacht? Bei manchen Kooperationen zeigt alleine schon die grüne Farbe der Einrichtung, wo man sich befindet. Bei anderen kann man richtig lange suchen, und man sieht es trotzdem nicht. Fragen Sie sich, wenn Sie von den Werbemaßnahmen der Kooperation und dem Wiedererkennungs-Plus profitieren möchten, ob Ihr Kunde merkt, zu welcher Kooperation Sie gehören.

Kleider machen Leute: Die Oberbekleidung der Mitarbeiter ist immer wieder Gegenstand von Diskussionen. Nachdem die so genannte »Weißkittel-Hypertonie« bekannt wurde, also die Angst des Kunden vor dem Arzt und die damit einhergehende Steigerung des Blutdrucks, sind einige Angehörige der Gesundheitsberufe dazu übergegangen, keinen Kittel mehr zu tragen. Gefährlich für das Ansehen des Berufsstandes ist es, wenn entweder gar keine Uniform getragen wird und der eigene Modegeschmack nicht stark ausgeprägt ist, oder wenn eine gemeinsame Bekleidung ausgesucht wird, die den Outlet-gewöhnten Kunden eher an Tankstellen- oder Bäckereifachpersonal erinnert. Nicht umsonst haben sich Parfümerien, Wellnessabteilungen und alle anderen Berufe, die nicht im engeren Sinn zu den Gesundheitsberufen gehören, für das Tragen weißer Berufskleidung entschieden.

Falls Sie sich also bereits gegen einen Kittel entschieden haben, ziehen Sie ihn schnell wieder an. Und zwar am besten einen langen, taillierten, frisch gestärkten Kittel, den Sie zuknöpfen. Als Alternative, falls es für Sie überhaupt nicht in Frage kommt, einen Kittel zu tragen, bevorzugen Sie Geschäftskleidung, mit der Sie Ihrem Kunden ausreichend Respekt zollen.

Auch andere persönliche Attribute spielen eine Rolle bei der Kundenwahrnehmung. Das Aussehen der Apothekenmitarbeiter ist das, was der Kunde beurteilen kann – das pharmazeutische Fachwissen ist zunächst unsichtbar. Unser Körper lügt nicht: Unser Gegenüber überträgt sein Wissen über korrekte Frisur, perfekte Schminke und gepflegte Hände auf unsere Erscheinung. Können wir seinem Blick standhalten? Schnell verfallen wir in einen Alltagstrott und vergessen mitunter, wie wichtig das Aussehen ist. Vielleicht finden wir uns auch nicht schön genug. Für den Außenauftritt der Apotheke ist allerdings das Aussehen der Mitarbeiter von entscheidender Bedeutung. Damit sind nicht besonders hübsche Züge oder besonders weibliche oder männliche Formen gemeint: Im Arbeitsalltag sollten Sie auf ein zurückhaltendes, natürlich gepflegtes Äußeres achten und äußerliche Stärken ins rechte Licht rücken. Hier sind ein paar Tipps für korrektes Aussehen in der Apotheke:

▶ Haare: Wenn Sie in der Rezeptur arbeiten und lange Haare haben, sind zusammengebundene Haare ein Muss. Insgesamt sehen aber lange Haare auch hinter dem HV-Tisch akkurater aus, wenn sie zusammengebunden werden. Sowohl Lang- als auch Kurzhaarfrisuren sollten einen gepflegten, frischen Eindruck erwecken. Sorgen Sie dafür, dass Ihre Augenpartie frei ist und dass Sie nicht unentwegt mit den Händen ins Haar fassen müssen.

▶ Gesicht: Für Damen ist eine dezente dekorative Kosmetik vorteilhaft. Das gilt insbesondere dann, wenn sie auch dekorative Kosmetik verkaufen. Starke, sehr bunte Schminke ist zu vermeiden. Für Damen und Herren gilt es, ein sichtbar gepflegtes Äußeres zu haben.

▶ Dekolleté: Vermeiden Sie zu tiefe Dekolletés auch dann, wenn Sie etwas haben, was Sie zeigen möchten. Behalten Sie sich das lieber für Ihre Freizeit vor. Das Gleiche gilt für Unterwäsche, die herausblitzt wenn man sich bückt und andere sexuelle Hinweise. Diese sind am Arbeitsplatz zu vermeiden.

▶ Hände: Am meisten werden Ihnen die Kunden in die Augen und auf die Hände schauen. Sorgen Sie entsprechend täglich dafür, dass Sie Ihre Kunden mit einem schönen Anblick verwöhnen, und pflegen Sie Ihre Hände genauso akribisch wie Ihr Gesicht.

▶ Schuhe: Sicher wird jeder Ihrer Kunden Verständnis dafür haben, dass Sie bequeme, flache Schuhe tragen – hochhackige Pumps wären auch fehl am Platz. Versuchen Sie dennoch, einen flachen und gesunden Schuh zu finden, der Ihrem Fuß schmeichelt, und vermeiden Sie, grobmaschige Socken zu tragen, die eher an Hüttenzauber erinnern. Herren sollten im Sommer außerdem darauf achten, dass das Bein vom Unterschenkel an bedeckt ist – keine nackten Beine unterm Kittel.

▶ Geruch: Eine Winterjacke, die in der Pizzeria war, überträgt am nächsten Morgen den Gaststättengeruch auf den frisch gewaschenen Pullover. Wenn man selber schlecht riecht, stellen das in der Regel die Anderen zuerst fest. Neben einer ausführlichen Körperhygiene und dem regelmäßigen Überprüfen der Kleidung fragen Sie Ihre Kollegen unumwunden: »Rieche ich gut«? Sie werden vielleicht nicht an ihren Worten, mit Sicherheit aber an ihrer Mimik erkennen, ob die Antwort ja oder nein lautet.

Die Einrichtung der Apotheke ist sicher nicht so leicht zu verändern, was die Möblierung angeht. Allerdings sind es häufig nicht die Möbel an sich, um die es geht, als vielmehr die Aufgeräumtheit, die Sauberkeit und die liebevolle Zusammenstellung des Sortiments. Während sich die meisten Apothekenmitarbeiter durchaus dafür interessieren, vom Kunden als kompetent und freundlich wahrgenommen zu werden, machen sich die Wenigsten Gedanken darüber, wie der Kunde selber den Empfang in der Apotheke wahrnimmt. Wie finden Sie eine Auslage, die offensichtlich verstaubt ist? Auch wenn der Kunde von Pharmazie keine Ahnung hat, so weiß er doch in den meisten Fällen, wie man putzt. Haben Sie da ein wenig geschludert, so wird es ihm auf jeden Fall auffallen, und er wird Ihre pharmazeutischen Fähigkeiten von Ihren Putzangewohnheiten ableiten – so einfach macht man es sich eben. Prüfen Sie auch die Ordnung Ihres Beratungszimmers: Handelt es sich dabei um einen freundlichen Ort, an dem man sich zurückziehen und in Ruhe beraten kann, oder hat sich das Beratungszimmer immer mehr zur Ablage diverser Utensilien entwickelt, deren genauer Lagerplatz allen Apothekenmitarbeitern unbekannt ist? Bitte achten Sie in diesem Zusammenhang darauf, dass die Fußmatte keine Schmutzmatte ist. Je nach Wetter ist diese täglich mehrmals zu reinigen.

Beim Thema Ordnung fällt natürlich der Mitarbeiteraufenthaltsraum meistens keinem Kunden auf. Nur selten lassen wir jemanden so weit vordringen. Stimmt's? Stimmt nicht. Wie viele Vertreter dürfen mit Ihnen nach hinten gehen? Wie viele Kunden dürfen Ihre Toilette benutzen? Wie viele Lieferanten gehen hinter den HV-Tisch? Und wie sieht es mit neuen Bewerbern aus, die bei Ihnen eine Arbeitsstelle anzutreten gedenken? Alle diese Menschen sind potenzielle Kunden, die Sie mit Ihrem Raumauftritt beeindrucken, und die über Sie reden werden. Für die Ordnung in der Küche sind Sie höchstpersönlich verantwortlich, es ist keine untergeordnete, private Tätigkeit! Gibt es bei Ihnen, wie in den meisten Apotheken, eine Stelle, an der alle Mitarbeiter ihre Schuhe wechseln? Prüfen Sie diese Stelle mal ganz genau: Müssen es wirklich so viele Schuhe sein, die da herumstehen? Müffelt es? Finden Sie für jedes Schuhpaar auch einen Besitzer, oder sind bereits einige ausgeschieden, ohne ihre Schlappen mitzunehmen? Dürfen auch hier andere Menschen vorbei? Falls ja, ändern Sie es schleunigst, indem Sie diesen Ort beispielsweise in den Keller verlagern. Auf jeden Fall sollte die Zahl der Schuhpaare auf ein Minimum reduziert werden.

Zur Einrichtung der Apotheke gehörend und maßgeblich für die Kundenwahrnehmung ist die Auswahl und Platzierung des Sortiments. Der Kunde sollte erkennen, welches Konzept Sie verfolgen. Bieten Sie Orientierung an! Sieht Ihre Produktauswahl so aus, als hätten Sie viele Kunden, die bestimmte Produkte kaufen, und haben Sie sie in der kompletten Sichtwahl so platziert, dass das Angebot übersichtlich und gut nach Indikationen strukturiert ist? Oder ähnelt Ihre Frei- und Sichtwahl teilweise eher einer Sammlung von Einzelstücken, bei denen der Kunde sich nicht traut, zuzugreifen – schließlich will er Ihnen nicht die letzte Tube abnehmen? Wo liegt was? Segmentieren Sie nach Produktgruppe, mit ausreichend Ware und klarer Produktentscheidung.

Sowohl Sichtwahl als auch Freiwahl müssen aufgefüllt sein. Die frühere Einstellung, man solle Grifflücken lassen, um dem Kunden zu suggerieren, dass ein Anderer bereits an der gleichen Stelle zugegriffen hat, ist der heutigen Empfehlung gewichen, mit Warendruck dem Kunden zu signalisieren, dass alles neu und alles frisch nur für ihn zur Verfügung steht. Achten Sie besonders im Handtaschenablagebereich oder in Griffnähe von Kindern darauf, Ihre Waren immer mehrmals täglich neu aufzustellen, zu ordnen und die Regale zu säubern.

In welchem Zustand sind Ihre Kosmetik-Testaufsteller? Gehen Sie in eine Parfümerie und schauen Sie sich an, wie die Testaufsteller dort aussehen. Das sind die Minimalanforderungen an Ihre Apotheke. Ihre Testaufsteller müssen blinken!

Sorgen Sie für Kongruenz: Billigprodukte können Sie aus Pappkisten anbieten, hochwertige Produkte auf dem verspiegelten Glasregal, nicht umgekehrt. Rot etikettierte Ware, die niedrige Preise signalisiert, sollte in einer schlecht zugänglichen Ecke stehen, und nicht im Hauptregal. Weisen Sie die Preise klar und deutlich aus. Denken Sie darüber nach, ob und wie Sie »Sonderangebote« kennzeichnen. Möchten Sie tatsächlich einen »Billig«-Eindruck hervorrufen? Oder möchten Sie für solide Qualität stehen? Ein hoher Preis ist häufig ein Qualitätssignal. Somit kann man sich auch über den Preis als Qualitätsmarke positionieren. Zudem ist die Preiselastizität der Nachfrage bei Medikamenten, unter der Annahme, dass diese lebensnotwendig sind, nicht gegeben. Entsprechend würde der Kunde so viel Geld für sie ausgeben, wie er hat. Eine Preiserhöhung ändert die Nachfrage gar nicht. Natürlich ist das eine etwas vereinfachte Ansicht und ist insbesondere für verschreibungspflichtige Medikamente der Fall. Nichtsdestotrotz sollte man sich das vor Augen halten, bevor man Preise senkt, denn möglicherweise denken dann Ihre Kunden, dass auch Ihre persönliche Beratung weniger wert ist.

Wissen Sie, was Ihre Kunden in der **Zeitschrift** lesen, die Sie ihnen aushändigen? Markieren Sie Artikel, die Sie für besonders lesenswert halten. Gehen Sie in jedem Fall davon aus, dass der Kunde annimmt, dass Sie die Zeitung gelesen haben und dass Sie sich mit den Inhalten identifizieren.

Mit der gewählten **Beleuchtung** setzen Sie Ihre Waren in Szene. Möchten Sie eher steril wirken? Dann sollte es durchgängig hell sein. Möchten Sie Akzente setzen, dann werden Sie eher mit Spots arbeiten. In der Regel werden Sie sich für eine helle, freundliche Beleuchtung entscheiden, ohne dunkle Ecken und ohne Neonlichtatmosphäre. Machen Sie es von dem Alter Ihrer Kundschaft abhängig: Ist diese jünger, so kann es etwas dunkler sein. Ältere Kundschaft, deren Sehfähigkeit zum Teil schon eingeschränkt ist, bevorzugt es eher hell.

An **Sauberkeit** dürfen Sie auf keinen Fall sparen: egal ob eher hell oder eher dunkel – Ihre Auslage darf kein Staubkörnchen aufweisen. Sorgen Sie mit einem ausgeklügelten Putzplan dafür, dass jede Packung einer regelmäßigen Reinigung unterzogen wird, wenn Sie länger in Ihren Regalen verweilt. Und beteiligen Sie an dieser Prozedur nicht nur die Putzfrau: Vielmehr sollte jeder Apothekenmitarbeiter für die Sauberkeit der Apotheke verantwortlich gemacht werden, schließlich bewohnt er sie ja auch im Rahmen seiner beruflichen Tätigkeit. Übrigens: Beim Staubwischen kann man gut die eine oder andere Produktinformation aufnehmen und dadurch das eigene Produktwissen ohne großen Aufwand vergrößern.

Die **Farben** der Einrichtung lassen sich nicht täglich ändern, die Ihrer Dekorationselemente schon. Sorgen Sie durch sparsamen Umgang mit Farben dafür, dass das, was Sie wirklich betonen wollen, auch wirklich gesehen wird. Weniger ist manchmal mehr: Platzieren Sie lieber weniger Warenträger wie Zahlteller oder HV-Aufsteller, dafür aber prominenter. So sorgen Sie dafür, dass diese auch tatsächlich vom Kunden wahrgenommen werden.

Ein Strauß frischer Blumen signalisiert, dass Sie den Kunden willkommen heißen. Auch unbewusst freuen wir uns über Blumen. Diese sollten natürlich wirklich frisch sein, und das Blumenwasser ist mindestens einmal täglich auszuwechseln.

Räumen Sie ab und zu den HV-Tisch komplett leer und entscheiden Sie aktiv, was wirklich wieder drauf muss. Räumen Sie bei dieser Gelegenheit alle Blöckchen, Kugelschreiber und Kästchen an den für sie vorgesehenen Platz und verbannen Sie alte Zeitungen, vergilbte Broschüren und geknickte Prospekte.

1.3.2 Akustische Merkmale: Alles, was der Kunde hört

Abgesehen von den gesetzlichen Vorgaben, dass für **Musik**, die in Verkaufsräumen abgespielt wird, GEMA-Gebühren zu bezahlen sind, beeinflusst Musik natürlich auch die Wahrnehmung des Kunden und seinen Eindruck von der

Apotheke. Noch mehr als der Kunde ist natürlich der Mitarbeiter beeinflusst, der Tag ein, Tag aus, der Musik ausgeliefert ist. Sollten Sie sich also für Musik entscheiden, sorgen Sie dafür, dass Sie sie sich nicht zu oft wiederholt. Da Musik einen großen Einfluss auf die Laune hat, sollte die Wahl sorgfältig erfolgen und auch die Meinung der Mitarbeiter berücksichtigen. Wenn Sie keine GEMA-Gebühren bezahlen möchten, könnten Sie auf GEMA-freie Musik zurückgreifen.

Gibt es ein akustisches Signal, eine Art **Klingel**, wenn der Kunde die Schwelle betritt? Darüber sollten Sie sich Gedanken machen. Die Klingel suggeriert, dass Sie so wenige Kunden haben, dass Sie einen beträchtlichen Teil der Zeit in den hinteren Räumen der Apotheke verbringen. Möchten Sie, dass Ihr Kunde weiß, dass Ihre Apotheke so wenig frequentiert ist, dass Sie sich das erlauben können? Wahrscheinlich nicht. Schalten Sie die Türglocke entweder so, dass sie ausschließlich hinten zu hören ist, oder richten Sie sich einen Arbeitsplatz so ein, dass Sie die Offizin stets im Blick haben. Ohnehin ist es besser, wie weiter unten beschrieben wird, wenn Sie Ihren Kunde sofort in Empfang nehmen!

Was hört der Kunde für Stimmen, wenn er die Apotheke betritt? Lautes Gelächter ist ebenso fehl am Platz wie lautes Schimpfen. Ebenfalls müssen alle fachlichen Gespräche in einem gedämpften Ton erfolgen. Um diese Atmosphäre zu schaffen, könnte beispielsweise neben Musik auch der Einsatz eines Zimmerbrunnens sinnvoll sein.

1.3.3 Olfaktorische Merkmale: Alles, was der Kunde riecht

Wie riecht es im Verkaufsraum Ihrer Apotheke? Gerüche sind sehr gut dazu geeignet, um ein Geschäft vom anderen zu unterscheiden. Eignet sich der Geruch in Ihrer Apotheke, um sie (natürlich positiv) von anderen Apotheken zu unterscheiden? In Luxushotels ist es längst üblich, einen bestimmten Duft zu verströmen, den der Kunde sofort beim Betreten der Hotelhalle wahrnimmt. Hierzu ist es notwendig, die Duftquelle im Eingangsbereich der Apotheke zu positionieren, denn dort wird ohnehin der vorherrschende Duft wahrgenommen. Verweilt man einige Zeit in einem bedufteten Raum, so nimmt man den Geruch übrigens nicht mehr wahr.

Besonders empfindlich reagieren Kunden auf Gerüche, die nicht zum hygienischen Bild der Apotheke passen. Ob Sie in der Mittagspause die Kohlsuppe von gestern wieder warm machen, keine Lust haben, die Toilette zu putzen, oder Ihr Deodorant versagt: Alles das sind Gerüche, die nicht im professionellen Umfeld vorkommen dürfen. Sprechen Sie diese Dinge diskret an, und stellen Sie sie ab. In der Apotheke darf es ausschließlich nach Heilpflanzen und Arzneimitteln riechen – meistens ist es übrigens eine Mischung aus Salbei, Brennesselkraut, Leinsamen und Isopropanol, die den typischen »Apothekenduft« ausmacht.

1.3.4 Haptische Merkmale: Alles, was der Kunde spürt

Vom ersten Augenblick an spürt Ihr Kunde etwas, wenn er Ihre Apotheke betritt: Es fängt mit dem Türknauf an, falls die Tür sich nicht automatisch öffnet. Wie fühlt er sich an? Das ist der erste haptische Eindruck, den der Kunde von Ihnen erhält.

Üben Sie mit Ihrem Kunden die Anwendung aller Hilfsmittel, die er bei Ihnen bekommt. Unabhängig davon, ob es sich um einen Spacer für sein Asthma-Medikament, um einen Pen für sein Insulin oder um ein neues Blut-druck- oder Blutzuckermessgerät handelt – wenden Sie es gemeinsam mit ihm einige Male an, bis er den Umgang sicher beherrscht. So wird er sich bei jeder Verwendung seines Arzneimittels auch an Sie erinnern.

Für welche Temperatur haben Sie sich entschieden? Auch dem Kunden, der nur kurze Zeit in der Apotheke verweilt, ist es wichtig, ob es kalt oder warm ist. Für Sie aber ist die Temperatur entscheidend, denn nur bei einer angenehmen Raumtemperatur sind Sie entspannt und können gut arbeiten. Die Apothekenbetriebsordnung gibt übrigens vor, bei welchen Temperaturen Arzneimittel gelagert werden müssen.

An irgendeiner Stelle wird der Kunde Ihren HV-Tisch anfassen. Welchen hapti-schen Eindruck bekommt Ihr Kunde? Wie hinterlässt Ihr Kunde Ihren HV-Tisch? In jedem Lokal erwarten Sie, dass der Tisch, an dem Sie sitzen, abgewaschen oder neu gedeckt wird, bevor man Ihnen das Essen serviert. Gönnen Sie daher auch dem HV-Tisch mehrmals am Tag eine entsprechende Reinigung.

Der beste haptische Eindruck, den der Kunde erhalten kann, ist der einer Packung in seiner Hand. Selbstverständlich ist diese Packung sauber und frei von Staub und Kleberresten.

Zu warm? Sie könnten Ihren Kunden einen Sprühstoß Thermalwasser gönnen. Zu kalt? Wie sieht es aus mit aufgewärmten Handwärmern, die Ihr Kunde für seine Verweilzeit in der Apotheke benutzen darf? Auch eine Handmassage geht schnell und wirkt Wunder – warum nicht kurz ein bisschen Wohlgefühl schenken?

Welche Möglichkeiten haben Sie, Ihrem Kunden einen Sitzplatz anzubieten und ihn im Sitzen zu beraten, falls notwendig? Hiermit ist nicht unbedingt gemeint, dass er mit Ihnen ins Beratungszimmer geht. Vielleicht können Sie eine leichter zugängliche Möglichkeit wählen!

1.3.5 Gustatorisch: Alles, was der Kunde schmeckt

Geben Sie Kostproben von allen Produkten, bei denen es erlaubt ist. So können Sie sehr gut einige Bonbons auf dem HV-Tisch anbieten, oder Fruchtriegel klein schneiden und probieren lassen. Eine Schale mit Obst ist nicht nur ein schöner Anblick – gerade nach einer Ernährungsberatung könnten Sie Ihrem Kunden viel besser einen Apfel als Zugabe geben als eine Packung Taschentücher. Wie wäre es grundsätzlich mit Obst als Zugabe zur Förderung der Gesundheit? Natürlich nur, wenn der Gesundheitszustand des Kunden es erlaubt!

Haben Sie einen Wasserspender, so dass Ihr Kunde seine Arzneimittel sofort einnehmen kann? Das ist vorbildlich. Wissen Sie auch, wie das Wasser schmeckt? Probieren Sie es ab und zu, um die Geschmacksqualität jederzeit unter Kontrolle zu haben.

Bieten Sie Ihren Kunden etwas zu trinken an, wenn sie zum Beispiel auf eine Rezeptur warten müssen oder wollen.

Haben Sie Kunden, die Hunde haben? Vor allem im Sommer zeigen Sie mit einer Hundebar direkt vor der Apotheke, dass Sie sich auch um die Belange der Vierbeiner Gedanken machen. Angenehmer Effekt am Rand: Will Herrchen mal nicht in die Apotheke, wird der Vierbeiner schon durch entsprechendes Ziehen an der Leine dafür sorgen, dass er mindestens das Schaufenster anschaut.

1.3.6 Checkliste: Die Apotheke mit allen Sinnen wahrnehmen

Die allergrößte Freude aber, und zwar völlig unabhängig davon, wie Ihre Apotheke sich ansonsten wahrnehmen lässt, ist der menschliche Kontakt. Wenn der Kunde in die Apotheke reinkommt, sollte ein Mensch da sein, der ihn anschaut, wahrnimmt und willkommen heißt.

Benutzen Sie untenstehende Checkliste als Kopiervorlage. Nehmen Sie einmal Ihre Apotheke mit allen Sinnen wahr, und tragen Sie ein, was Ihnen besonders auffällt. Lassen Sie das auch Ihre Kollegen tun, und auch Freunde oder nahestehende Personen. Nun können Sie eine erste Zusammenfassung Ihrer Ergebnisse anfertigen – so oder so ähnlich fühlt auch Ihr Kunde, wenn er bei Ihnen ist. Wiederholen Sie das Ausfüllen der Checkliste in einigen anderen Apotheken, die entweder zu Ihrer Konkurrenz gehören, oder die Ihnen besser gefallen. Machen Sie das auch in einigen anderen Geschäften und Lokalen, zu denen Sie Zugang haben, und die Ihnen gut gefallen. Was würden Sie anders machen, wenn Sie Ihre Apotheke jetzt sofort neu einrichten könnten und es keine Begrenzungen gäbe? Wie sieht Ihre Traum-Apotheke aus? Und welche der Ideen könnten Sie wie hier beschrieben oder in abgeänderter Form in die Realität umsetzen?

Beantworten Sie bitte folgende Fragen:

»Wie kann ich positive Gefühlserlebnisse in meiner Apotheke häufiger erlebbar machen?

_____

_____

»Wo bin ich besser, wo bin ich schlechter als meine direkte Konkurrenz?«

_____

_____

»Was kann ich von anderen Branchen lernen?«

_____

_____

»Welches positive Erlebnis kann der Kunde nur bei mir machen?«

_____

_____

CHECKLISTE
»Die Apotheke mit allen Sinnen wahrnehmen«

Visuell:

_____

_____

_____

_____

_____

Akustisch:

_____

_____

_____

_____

_____

Olfaktorisch:

_____

_____

_____

_____

_____

Haptisch:

_____

_____

_____

_____

_____

Gustatorisch:

_____

_____

_____

_____

_____

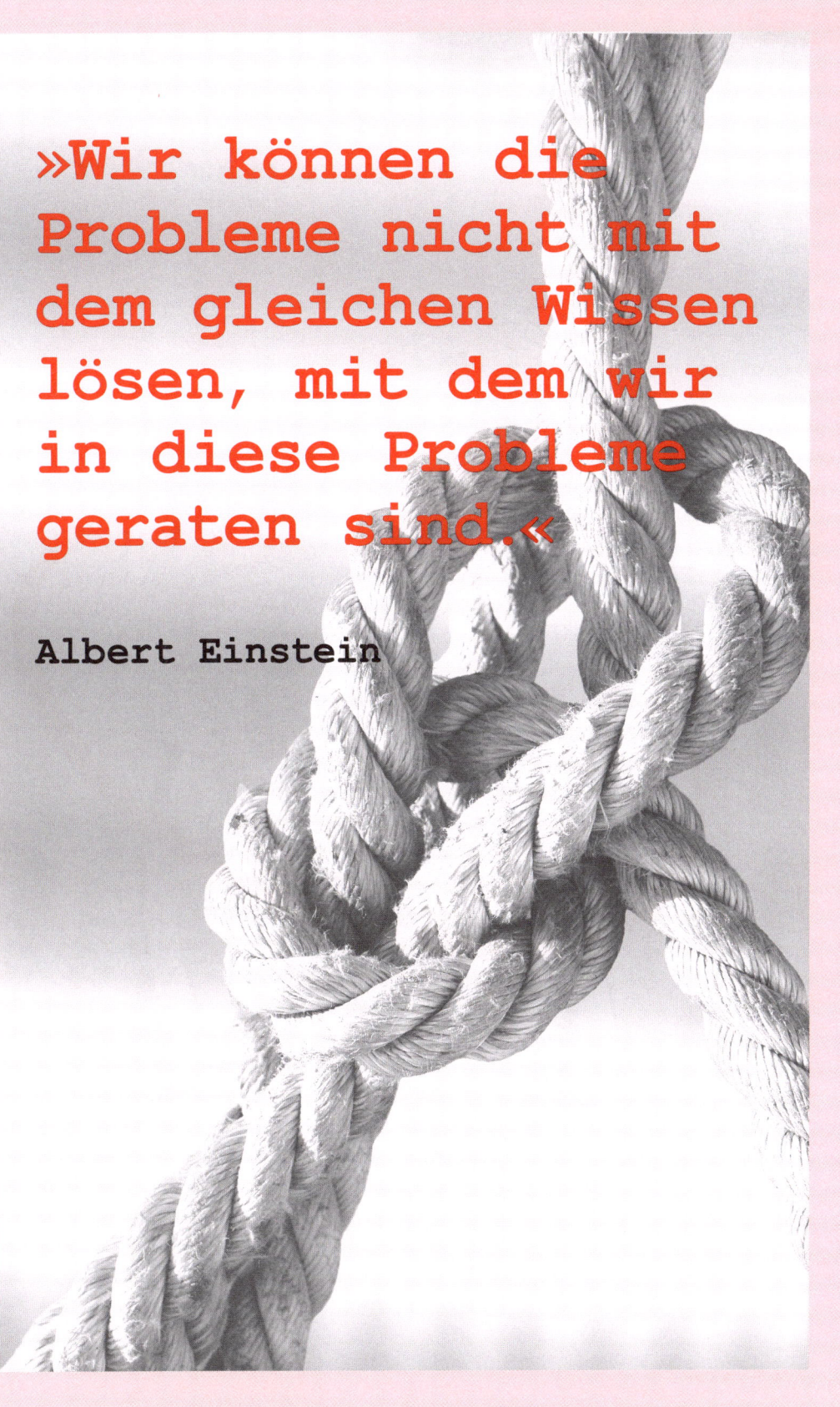

»Wir können die Probleme nicht mit dem gleichen Wissen lösen, mit dem wir in diese Probleme geraten sind.«

Albert Einstein

2 Pharmazeutische Kunden-bindungsinstrumente für Stammkunden und solche, die es werden sollen

Dieses Kapitel macht Sie mit einigen betriebswirtschaftlichen Methoden vertraut. Es soll Ihre Methodenkompetenz dahingehend stärken, dass Sie ein Konzept für Ihre Apotheke entwickeln und Ihr Angebot strukturiert den unterschiedlichen Kundengruppen präsentieren können.

Nachdem wir die Rahmenbedingungen definiert haben, ist es Zeit, sich einige Gedanken über die Kunden zu machen. Denn in dem Augenblick, wenn sie da sind, geht alles sehr schnell. Wir sind am erfolgreichsten, wenn wir bereits im Vorfeld unsere Strategie vorbereitet haben – das gilt im Übrigen auch für die pharmazeutischen Inhalte. Um sich auf eine konkrete Situation vorzubereiten, eignet sich zum Beispiel das Buch »Hilfe ein Kunde«, in dem Sie auch schwierige Kunden und die jeweils notwendige Kommunikation inhaltlich detailliert vorgestellt bekommen.

Zunächst gilt es, die unterschiedlichen Kundengruppen in der Apotheke zu definieren. Diese Definition ist notwendig, um zielgruppengerechte Maßnahmen einzuleiten, um unsere Kunden möglichst an uns zu binden. Die unterschiedlichen Kundentypen können bezogen auf ihr Umsatzsteigerungspotenzial und ihre Kauffrequenz in eine Matrix eingeteilt werden. Matrices dienen der Anschaulichkeit (Abbildung 2), sind in der Betriebswirtschaftslehre eine Standardmethode und werden auch Portfoliomodelle genannt.

Fest steht, dass mindestens alle Menschen in der Umgebung unserer Apotheke unsere potenziellen Kunden sind und somit Interessenten für unser Angebot. Falls wir auch Internethandel betreiben, vergrößert sich die Gruppe natürlich beträchtlich. Diese Menschen gilt es zu gewinnen, sie zunächst zu unseren »neuen« Kunden zu machen, um sie dann als Stammkunden zu gewinnen (Abbildung 1).

Sobald Kunden einmal bei uns gekauft haben oder beraten worden sind, müssen wir sie durch besondere Leistungen überzeugen, unsere Stammkunden zu werden. Neue Kunden haben in der Apotheke noch eine geringe

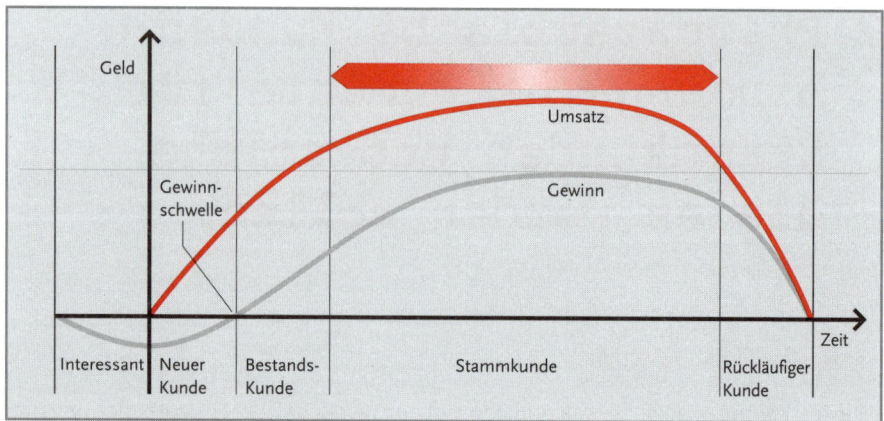

Abbildung 1: Kundenwertsteigerung

Kauffrequenz. Sie waren bisher nur einmal da oder kommen nur selten. Ihr Umsatzsteigerungspotenzial ist hoch, denn sie haben erst wenig bei uns gekauft.

In der Phase zwischen »Neukunde« und »Stammkunde« nennen wir die Kunden »Bestandskunden«. Bestandskunden binden einen Großteil unserer Aufmerksamkeit, sorgen aber noch nicht für viel Umsatz in unserer Apotheke – meistens reicht es gerade zur Kostendeckung. Bestandskunden kommen häufiger als Neukunden, aber sie kaufen noch nicht alles bei uns, was sie für ihre Gesundheit brauchen. Das bedeutet, sie haben eine hohe Kauffrequenz, aber der Umsatz mit ihnen kann noch gesteigert werden. Das gilt es zu erreichen, damit diese Kunden zu wahren Stammkunden werden. Unser Ziel ist also, dass unsere Kunden möglichst lange Stammkunden bleiben, denn ein Stammkunde ist der wertvollste Kunde der Apotheke.

Stammkunden haben eine hohe Kauffrequenz, kaufen aber bereits alles bei uns, was sie für ihre Gesundheit benötigen, und sorgen so für mehr Umsatz. Diese Kunden wollen wir an uns binden, um sie so lange wie möglich als Kunden zu halten. Dabei ist es wesentlich aufwendiger, einen neuen Stammkunden aufzubauen, als einen vorhandenen Stammkunden zu erhalten und zu pflegen (allerdings gilt ebenso, dass es schwieriger ist, einen Stammkunden zu erhalten, als ihn zu vergraulen). Die letzte Kundengruppe sind die rückläufigen Kunden. Bei diesen geht die Kauffrequenz zurück und ein Umsatzsteigerungspotenzial ist nicht vorhanden. Ziel sollte sein, diese Kunden dennoch zurückzugewinnen.

Diese Einteilung eignet sich hervorragend, um die Maßnahmen für die unterschiedlichen Kundensegmente zu planen. Beispielhaft skizzieren wir Ihnen hier, wie Sie vorgehen könnten. Passen Sie die hier beispielhaft genannten Aktionen dem Angebot Ihrer Apotheke an.

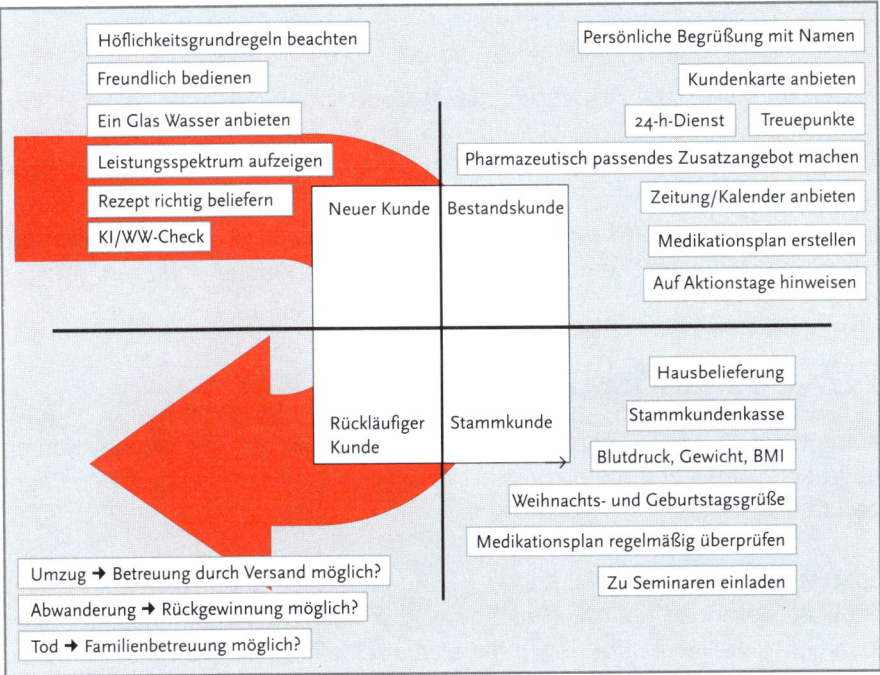

Abbildung 2: Portfolio Apothekenkundenzyklus

2.1 Neue Kunden

Zeigen Sie jedem neuen Kunden das Leistungsspektrum Ihrer Apotheke auf. Hierzu eignen sich eine Apotheken-Imagebroschüre und ein Leistungskatalog. Beschreiben Sie darin, welche Leistungen Sie für Ihre Kunden bereithalten und inwiefern Sie sich von anderen Apotheken unterscheiden. Machen Sie darin Ihre Betreuungsidee deutlich. Dadurch ermöglichen Sie Ihren Kunden, Ihre Leistung schneller und gezielter in Anspruch zu nehmen. Erläutern Sie ganz deutlich, **warum** es sich qualitativ lohnt, Stammkunde bei Ihnen zu sein. Allein nur den Preisaspekt hier zu betonen, ist zu wenig, denn billige Arzneimittel gibt es in jeder Versandapotheke. Zeigen Sie Ihre pharmazeutischen Möglichkeiten auf.

Von der Freundlichkeit des Apothekenteams sollte jeder Kunde sofort beeindruckt werden. Die Höflichkeitsgrundregeln müssen zwingend von jedem Mitarbeiter beherrscht und angewendet werden. Hierzu ist es ratsam, sich in regelmäßigen Abständen mit dem Team darauf zu verständigen, was genau unter »Freundlichkeit« und »Höflichkeit« zu verstehen ist. Denn man nimmt es häufig als selbstverständlich hin und hofft, dass jeder Mitarbeiter ein gutes Benehmen einfach mitbringt – das Gegenteil ist leider manchmal der Fall.

Neben der korrekten Belieferung des Rezeptes muss auch die passende Beratung eine große Rolle spielen. Definieren Sie hierzu Ihre Vorgehensweise im Detail und bestimmen Sie verbindlich, wie die Beratung zum Arzneimittel und zu Kontraindikationen, Wechsel- oder Nebenwirkungen auszusehen hat. Insbesondere bei Medikamenten, die akut wirksam sind, sollte die sofortige Einnahme ermöglicht werden, indem Sie ein Glas Wasser anbieten.

2.2 Bestandskunden

Kommt der Kunde häufiger, sollten Sie ihn persönlich mit seinem Namen begrüßen. Diese Begrüßung passiert diskret und wird nicht durch den Raum gerufen.

Spätestens jetzt sollte Ihr Kunde die Kundenkarte und Treuepunkte oder ähnliche bei Ihnen übliche Maßnahmen zur Kundenbindung angeboten bekommen – vielleicht überlegen Sie sich aber einen anderen Namen dafür. Denn Sinn und Zweck der Kundenkarte ist für Sie, dass der Kunde wiederkommt. Aus Ihrer Sicht ist die Bezeichnung korrekt. Um was könnte es aus Sicht des Kunden gehen? Stellen Sie den Kundennutzen auch bei der Bezeichnung Ihrer Kundenkarte in den Vordergrund und geben Sie Ihrem Kunden damit einen Hinweis darauf, was die Karte ihm wirklich bringt. Das kann beispielsweise eine Arznei-Check-Karte sein, wenn Sie es pharmazeutisch ausrichten wollen, oder Rabattkarte wenn Sie es finanziell betont wissen möchten. Die mit der entsprechenden Karte gesammelten Punkte sollten nach und nach dazu dienen, den Kunden als »Stammkunden« zu erkennen.

Nehmen Sie sich die Verordnungen Ihres Kunden vor und stellen Sie ein pharmazeutisch passendes Zusatzangebot zusammen, so dass er wirklich in den Genuss einer Rundum-Betreuung kommt, die auf ihn persönlich zugeschnitten ist. Hierzu könnten Sie Ihren Kunden beispielsweise auch ein Betreuungs-Scheckheft aushändigen, in dem pro Quartal ein Gutschein mit einem ausgewiesenen Wert enthalten ist.

Bieten Sie Ihren Kunden pharmazeutische Betreuung bei chronischen Erkrankungen an. Machen Sie grundsätzlich nicht nur einen Medikationsplan mit Interaktions- und Wechselwirkungscheck für dauerhaft einzunehmende

Arzneimittel, sondern auch bei jedem Selbstmedikationswunsch. Für die gängigen Präparate lässt sich das auch vorbereiten, so dass Sie im Augenblick des Kundenbesuchs schnell handeln können.

Bieten Sie Ihren Kunden Beratungstermine an, wenn neue Medikamente zur Daueranwendung verordnet worden sind. Dieses entbindet Sie nicht von Ihrer Beratungspflicht bei jeder Arzneimittelabgabe. Es ermöglicht Ihnen aber eine ausführlichere Beratung zu einem Ihnen und Ihrem Kunden gut passenden Termin. Diese ausführliche Beratung kann, muss aber nicht kostenlos sein. In jedem Fall muss sie fachlich gut sein.

Führen Sie Aktionstage durch, bei denen Sie nur eine begrenzte Kapazität haben, und laden Sie Ihre Kunden explizit dazu ein.

Jede Apotheke bietet im Grunde einen 24-Stunden-Dienst an – auf die Definition kommt es an. Ermöglichen Sie es Ihren Kunden, Sie per E-Mail anzuschreiben, um eine Bestellung für den nächsten Tag abzugeben. Das kann er rund um die Uhr tun. Richten Sie Ihr Mailprogramm so ein, dass auf jede Mail eine automatische Antwort versendet wird, aus der hervorgeht, wann die Bestellung abholbereit sein wird – abhängig von der Bestellzeit. Noch professioneller ist es, ein entsprechendes Bestellformular auf der Internetseite der Apotheke anzubieten.

Nutzen Sie neuen Medien, Smartphones und entsprechende Apps. Damit kann der Kunde auf dem Gerät, das er immer bei sich trägt, die wichtigsten Informationen zu Ihrer Apotheke, zu einer Bestellung und zum Notdienst erhalten.

2.3 Stammkunden

Für die Stammkunden bieten Sie natürlich alles an, was Sie auch Neukunden und Bestandskunden anbieten. So sollten auch Ihre Stammkunden in regelmäßigen Abständen wieder eine Imagebroschüre von Ihnen bekommen, damit sie wissen, dass Sie sich für die richtige Apotheke entschieden haben und auch neue Angebote frühzeitig kennenlernen. Die Definition »Stammkunde« könnten Sie daran festmachen, dass dieser Kunde eine bestimmte Besuchshäufigkeit oder eine bestimmte Umsatzgröße erreicht hat.

Zusätzlich sollten Ihre Stammkunden sich bei Ihnen schon richtig »zu Hause« fühlen und Leistungen in Anspruch nehmen können, die nur ihnen zustehen. Sie könnten zum Beispiel eine Stammkundenkasse einrichten, an der Ihre Stammkunden prominent bedient werden.

Da Sie die Medikation Ihrer Stammkunden kennen, können Sie sie auch unaufgefordert über neue Entwicklungen in ihrer Indikation informieren, so dass sie durch Ihren Service immer sofort den allerneuesten Stand kennen.

Bieten Sie Ihren Stammkunden regelmäßig Blutdruck-, Gewichts- und BMI-Kontrollen. Auch hierzu könnten Sie beispielsweise Gutscheine ausgeben, die der Kunde in regelmäßigen Abständen einlösen kann. Dass Ihr Stammkunde für diesen Extra-Service nichts bezahlen soll, ist in Ordnung. Dennoch sollte der Wert des Gutscheins deutlich ausgewiesen sein, damit er weiß, dass er etwas Besonderes bekommt.

Überprüfen Sie regelmäßig den Medikationsplan.

Reservieren Sie für Ihre Kunden Zeitschriften und Kalender, und versenden oder übergeben Sie zum Geburtstag und zu Weihnachten Grußkarten.

Möglicherweise schaffen Sie es, Stammkunden miteinander ins Gespräch zu bringen: Initiieren Sie Selbsthilfegruppen zu den unterschiedlichsten Themen und stellen Sie einen Raum zur Verfügung, so dass sich die Teilnehmer dieser Gruppen bei Ihnen treffen. Bereiten Sie sich auf die Themen vor, und halten Sie Ihren Kunden Vorträge zu bestimmten Indikationen.

2.4 Rückläufige Kunden

Es gibt zahlreiche Gründe, warum ein Stammkunde nicht mehr zu Ihnen kommt. Wichtig ist herauszufinden, ob es einen durch die Apotheke verschuldeten Grund gibt, der abzustellen wäre, so dass man den Kunden wieder zurückgewinnt. Denn es ist in der Regel weniger aufwändig, einen Kunden zu behalten, als ihn neu zu gewinnen. Ist Ihr Kunde umgezogen und kommt deshalb nicht mehr, sollte die Möglichkeit einer Betreuung per Versand geprüft werden. Stirbt Ihr Kunde, so kann möglicherweise dennoch seine Familie weiterbetreut werden. Das Angebot sollte aber grundsätzlich von Ihnen ausgehen.

»Wenn man es kann,
ist es keine Kunst.
Wenn man es nicht
kann, erst recht
nicht.«

Karl Kraus

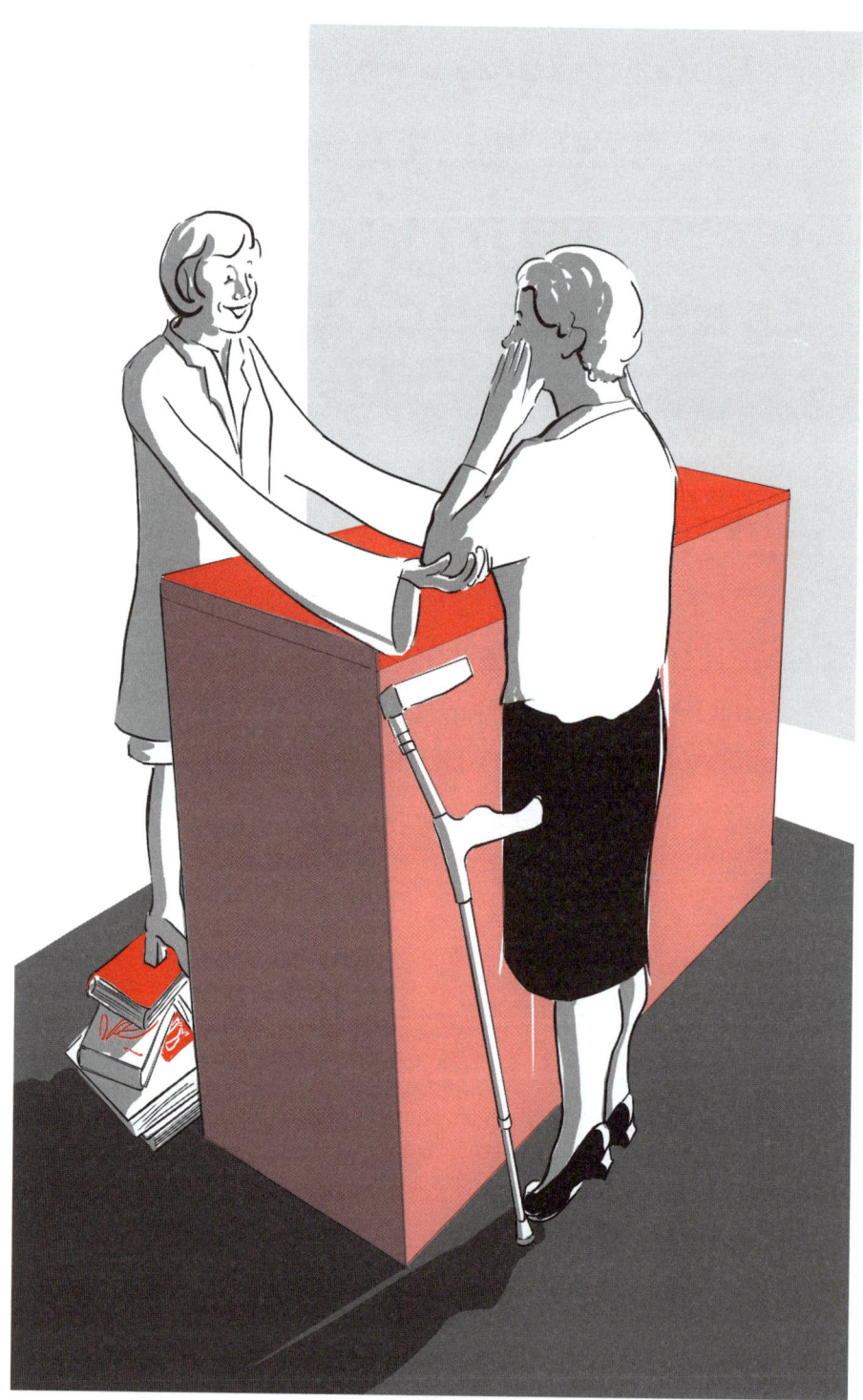

3 Basiswissen Kommunikation für das Kundengespräch

Die Basis für ein erfolgreiches, empathisches Kundengespräch ist Ihre persönliche Einstellung. Sie soll lauten:

1. Ich motiviere den Kunden und

2. Ich demotiviere den Kunden nicht

Dies ist die Voraussetzung dafür, dass er Ihnen überhaupt zuhört. Diese Motivation können Sie durch Ihre Körpersprache und die Beachtung der Kundenmotivation erreichen, aber allem voran erreichen Sie die Motivation durch ein tiefgehendes Interesse für Ihren Kunden.

3.1 Gleich geht's los mit dem Kundengespräch – über verbale und nonverbale Kommunikation

Die Apotheke öffnet gleich? Wun-der-bar! Nun dreht sich alles um pharmazeutische Gesprächsinhalte. Aber auch die Grundregeln der Kommunikation wollen beachtet werden. Versuchen Sie gleich zu Beginn des Gesprächs, eine positive emotionale Beziehung zu Ihrem Gesprächspartner herzustellen, und signalisieren Sie Zuversicht. Sehen Sie Ihren Kunden als die einzigartige Person an, die er ist, und weniger als einen von den einhundertzwanzig Kunden, mit denen Sie es heute zu tun haben werden.

Jede Floskel, jede nicht durchdachte Frage kann das Verhältnis zu Ihrem Kunden schnell zerstören. Deshalb ist auch von überzogener Freundlichkeit und »Kumpanei« tunlichst abzuraten. Empfehlenswert für den gegenseitigen Sympathiemehrwert ist vielmehr das Entdecken von Gemeinsamkeiten. Was wir sagen, wie wir es sagen, wie wir uns halten und verhalten, was wir tun: Je mehr Gemeinsamkeiten wir mit den Gesprächspartnern entdecken, umso mehr haben wir ihr Vertrauen – und sie unseres. Gute Kommunikation entsteht immer im Dialog zwischen zwei Personen und setzt gegenseitiges Vertrauen voraus und das Schaffen einer geglückten Beziehungsebene. Es ist unschwer zu erraten, dass wir Menschen, die wir kennen und auch mögen, mehr vertrauen als solchen, die wir nicht kennen. Zu Beginn einer

Unterhaltung stellen sich Menschen daher einander grundsätzlich vor. Das sehen die Höflichkeitsgrundregeln vor. Während wir häufig aufgrund eines Rezeptes wissen, mit wem wir es zu tun haben, bleiben wir für unseren Kunden anonym, falls wir uns nicht vorstellen. Folgen Sie also diesem Rat und lüften Sie freiwillig das Geheimnis Ihres Namens – verbal, auch dann, wenn Sie bereits ein Namensschild mit Ihrem Namen tragen.

Weitere Gemeinsamkeiten, die wir entdecken können ...

▶ auf der **inhaltlichen** Ebene sein (wir entdecken, dass wir uns beide für eine bestimmte Sportart interessieren)

▶ in der **Körpersprache** liegen (wir beugen beide den Kopf etwas zur Seite und stehen nicht ganz frontal)

▶ **verbaler** Natur sein (wir benutzen die gleichen Worte oder wir sprechen einen Dialekt)

Je mehr Gemeinsamkeiten wir aufzubauen in der Lage sind, umso besser gelingt uns die Kontaktaufnahme. Man bezeichnet die Schaffung einer gemeinsamen Erlebnisebene als »Rapport«. Übrigens ist das ganz leicht: Denken Sie doch einmal darüber nach, wie Sie mit einem Kind sprechen. Ihre Stimme wird heller, Sie beugen sich hinunter zu ihm und fragen: »Sollen wir zu Mama gehen?« Das ist Rapportaufbau auf allen Ebenen: inhaltlich, indem eine gemeinsame Handlung vorgeschlagen wird. In der Körpersprache, indem der Größere sich zum Kleineren beugt. Und verbal, indem eine verniedlichende Kindersprache gewählt wird.

Folgende Vorgehensweise kann für Gespräche in der Apotheke hilfreich sein: Schlagen Sie einen natürlichen, nicht affektierten, begeisternden Tonfall an und bevorzugen Sie eine deutliche Aussprache. Sorgen Sie für Vertrauensaufbau durch ein freundliches, hilfsbereites Auftreten. Hierzu haben Sie verschiedene Möglichkeiten.

Sprache: Achten Sie auf die Wahl Ihrer Worte. Positive Worte wie »ja«, »gern«, »natürlich«, »selbstverständlich« müssen zu Ihrem Wortschatz gehören. Hüten Sie sich allerdings vor stereotypen Formulierungen! Sagt man immer wieder das Gleiche, wirkt es leicht mechanisch – da hilft auch Freundlichkeit nicht wirklich weiter.

Körpersprache: Unterstützen Sie Ihre Argumente mit stimmigen Gesten. Wenn Sie die positiven Eigenschaften eines Produktes oder einer Behandlung beschreiben und dabei mit dem Kopf von rechts nach links schütteln

(= mit dem Körper nein sagen), wirken Sie nicht glaubwürdig. Als implizierte Botschaften bezeichnet man solche, die nicht klar ausgedrückt werden, sondern die sich nur erahnen lassen. Als Hilfsmittel für die Übertragung der implizierten Botschaft werden die nichtsprachlichen Anteile der Sprache verwendet: die Körpersprache (Stimme, Betonung, Aussprache, Gestik, Mimik, etc.). Wenn man sprachliche und nichtsprachliche Anteile miteinander kombiniert, hat man zwei Möglichkeiten: Beide Anteile ergänzen einander (= kongruente Nachricht) oder beide Anteile widersprechen einander (= inkongruente Nachricht). Um glaubwürdig und überzeugend sein zu können, sollten wir kongruente, in sich stimmige Nachrichten »senden«! Wie kann ich zum Beispiel jemanden davon überzeugen, das Rauchen aufzugeben, wenn ich selber Kettenraucher bin? Wie kann ich jemanden überzeugen, eine teure Kosmetik zu kaufen, wenn ich selber sichtlich ungepflegt bin? Der Körpersprache wird immer geglaubt. Man kann noch so kluge Formulierungen wählen, wenn die Körpersprache uns Lügen straft, sind wir nicht glaubwürdig.

TIPP FÜR DEN ALLTAG:

Bitten Sie eine Kollegin/einen Kollegen darum, Sie darauf aufmerksam zu machen, wenn Sie nicht ganz stimmige Botschaften senden. Schauen Sie häufig in einen Spiegel, in dem Sie sich von Kopf bis Fuß sehen können: So können Sie notwendige Verbesserungen schnell erkennen.

Stimme: Geben Sie Ihrer Stimme einen optimistischen Klang. Passen Sie Ihre Sprechgeschwindigkeit und Ihre Lautstärke der des Gegenübers an. Versuchen Sie, melodisch zu sprechen, um somit das Zuhören zu erleichtern.

Haltung: Eine gestraffte Haltung drückt Selbstsicherheit und Kompetenz aus. Eine gebückte Haltung mit eingezogenen Schultern wirkt depressiv. Messen Sie Ihrem Auftreten Wert bei! Auch hier gilt: Laufen die Dinge nicht so, wie Sie sich das wünschen, ist ein Kontrollblick in den Spiegel eine wertvolle Hilfe.

Gestik: Es gibt Menschen, die beim Sprechen wild um sich schlagen, und andere, die eher wenige Bewegungen machen. Passen Sie sich auch hier Ihrem Gegenüber an – ohne ihn nachzumachen! Wenn Sie ein Produkt, ein Prospekt oder einen anderen Gegenstand in der Hand halten, tun Sie es so, dass der Kunde mitschauen kann. Geben Sie es ihm so früh wie möglich in die Hand, da jeder Mensch sich gerne auch anhand des Produkts überzeugen möchte. Bedenken Sie, dass die Art und Weise, wie Sie mit Ihren Sachen umgehen, den Kunden wissen lässt, was Sie innerlich davon halten. Zeigen Sie durch Ihre Gesten, dass Sie etwas Wertvolles in der Hand halten.

Blickrichtung: Schauen Sie Ihre Gesprächspartner an und prägen Sie sich ihre Gesichter ein, damit Sie den richtigen Kunden wieder finden, wenn Sie mit den Arzneimitteln wieder zum HV-Tisch zurückkommen! Wenden Sie sich mit Ihrem ganzen Körper dem Kunden zu, sprechen Sie ihn nicht über die Schulter an. Sie signalisieren Zuwendung, wenn sowohl Ihre Augen als auch Ihr Bauchnabel in Richtung Ihres Gesprächspartners zeigen.

Abstand: Ein sicherer Abstand zu Ihrem Kunden ist ein knapper Meter. Näher gehen wir normalerweise nur auf Menschen zu, die uns intim vertraut sind. Allerdings ist der Abstand zu einem anderen Menschen, der als angenehm empfunden wird, stark kulturell und individuell unterschiedlich. Als Profi sollten Sie darauf geübt sein, sich mit allen Abständen, die der Kunde braucht, wohl zu fühlen. Sollte Ihr Kunde den Abstand von sich aus verkleinern oder vergrößern, ist das nicht unbedingt ein untrügliches Zeichen dafür, dass er Sie besonders mag oder nicht mag. Ein Abstand von mehr als einem bis anderthalb Meter ist für ein Verkaufsgespräch allerdings nicht besonders angebracht, wenn ein Dialog stattfinden soll.

Objektsprache: Auch unsere Kleidung, unser Schmuck, unsere Inneneinrichtung und so weiter spricht für oder gegen uns. Natürlich ist es schwierig und auch gar nicht möglich, sich jedem Gegenüber anzupassen. Allerdings sollten wir uns Gedanken darüber machen, was angebracht und was deplatziert wirkt.

Blickkontakt: Die beste Möglichkeit, einen Menschen wahrzunehmen und zu verstehen ist, ihm in die Augen zu sehen. Der direkte Blickkontakt ist aufrichtig. Immer dann, wenn eine Störung des Blickkontaktes vorliegt oder wenn Ihr Gesprächspartner sich gar abwendet, sollten Sie sehr behutsam vorgehen und den Grund herausfinden: Haben Sie einen peinlichen Sachverhalt angesprochen? Gibt es große Unsicherheiten im Gespräch? Ist es Ihnen nicht gelungen, eine Vertrauenssituation zu schaffen, oder ist ein zunächst entstandenes Vertrauen dann doch gebrochen? Oder ist das Gespräch einfach nur langweilig? Ganz sicher macht es keinen Sinn, das Gespräch ohne Pause fortzuführen und den Gesprächspartner mit Informationen zu überfrachten, die er nicht haben möchte. Eine gute Möglichkeit in solchen Fällen ist es, Fragen zu stellen: »Welche Fragen haben Sie bis hierher?« oder »Was halten Sie davon, wenn wir so vorgehen?«

Lächeln: Über das Lächeln sind ganze Abhandlungen geschrieben worden. Fest steht: Menschen, die lächeln, wirken sympathischer, und man ist eher bereit, ihnen zu glauben und Fehler zu verzeihen. Nicht nur die Anderen, auch der Lächelnde selbst ist positiv beeinflusst. Versuchen Sie doch mal zu lächeln und dabei an etwas ganz Furchtbares zu denken: Es wird Ihnen nicht gelingen. Insofern ist allein schon das Lächeln ein schönes Mittel, um gute Laune zu bekommen und Anderen gute Laune zu machen. Sogar am Telefon kann man hören, ob der Gesprächspartner lächelt oder nicht: Die Stimme klingt anders. Tipp fürs Telefonieren: Bringen Sie einen kleinen Spiegel in der Nähe des Telefons an, um zu prüfen, ob Sie freundlich aussehen! Wie wäre es darüber hinaus mit einem Merkzettel außer Reichweite der Kunden, auf dem die einfache Botschaft steht: LÄCHELN!

Einstellung: Wählen Sie Ihre Einstellung, um den Anderen so nehmen zu können, wie er ist. Versuchen Sie immer wieder, in Gedanken die Seite zu wechseln und durch die Augen Ihres Gesprächspartners auf sich selber zu schauen. Gefällt Ihnen, was Sie da sehen? Kompliment. Gefällt es Ihnen einmal nicht, verändern Sie Ihr Verhalten.

TIPP FÜR DEN ALLTAG:

Entscheidungen werden mit dem Bauch getroffen. Achten Sie deshalb auf Ihre Körpersprache in allen hier dargestellten Ebenen – Sie fühlen sich nicht nur besser, sondern Sie werden auch erfolgreicher dadurch.

Wenn unsere Kunden in die Apotheke kommen, wollen Sie ein Produkt für ihre Gesundheit erwerben und die Sicherheit bekommen, das Richtige zu tun. Gerade Anfängern fällt es schwer, den Wunsch nach einem Produkt in der Aussage »Fräulein, ich habe Rückenschmerzen« zu finden. Halten Sie sich bitte vor Augen, dass die wenigsten Kunden in der Lage sind, den Wunsch folgendermaßen zu formulieren: »Ich möchte gerne eine OP Diclofenac à 12,5 mg pro abgeteilte Arzneiform in einer galenisch hohen Qualität im Rahmen der Selbstmedikation zur Behandlung meiner Lumboischialgie erwerben«. Den Wunsch des Kunden in eine Arzneimittelanwendung zu übersetzen, ist unsere Aufgabe, nicht die des Kunden.

Damit wir ein Angebot überhaupt machen können, müssen wir zunächst erfahren, was der Kunde benötigt. Um das herauszufinden, eignen sich für alle, die der Telepathie nicht mächtig sind, ganz einfache Fragen. Durch Fragen wenden wir uns dem Kunden, unserem Gesprächspartner, zu und zeigen Interesse. Fragen helfen uns, die Denkweise des Kunden zu begreifen, uns in ihn hineinzuversetzen. Es ist eine altbekannte, häufig zu wenig beachtete Weisheit: »Man kann nicht denken, was der Andere denkt.« Man kann es aber durch gezieltes Fragen herausfinden. So unterbleiben Annahmen und Unterstellungen, und Missverständnisse können auf ein Minimum reduziert werden. Nur ein Kunde, dessen Bedürfnisse erkannt und befriedigt werden, ist ein zufriedener Kunde. Wie wollen Sie herausfinden, welche Bedürfnisse Ihr Kunde hat? Durch Fragen! Leider verlernen wir das Fragen häufig schon als Kinder. Wer erinnert sich nicht an Sätze wie »Nun frag nicht ständig!« oder »Gib endlich Ruhe mit den ewigen Fragen« oder »Weiß ich auch nicht«, mit denen unsere Eltern oder andere Erwachsenen unsere kindliche Begierde, mehr zu erfahren, entnervt abgetan haben. Die erwachende Neugier auf die Welt wird da schon im Keim erstickt.

Schade! Aber kein Grund zur Verzweiflung: Sie können es wieder lernen. Dadurch zeigen Sie Interesse und Sie entscheiden vor allem, in welche Richtung das Gespräch verläuft. Und damit ist schon eine wichtige Aussage gemacht: Fragen Sie konkret, und zeigen Sie durch Ihre Frage, dass Sie wissen, worauf die Frage abzielt.

3.2 Fragen richtig stellen

Unabhängig davon, für welche Fragentechnik Sie sich entscheiden: Sorgen Sie dafür, dass Ihr Gesprächspartner nicht das Gefühl hat, dass Sie ihm »Löcher in den Bauch« fragen! Auch Ihr Kunde sollte verstehen, warum Sie ihn das alles fragen. Erklären Sie es ihm, indem Sie bei einer entsprechenden Reaktion des Kunden sagen: »Wissen Sie, ich frage, weil ...«

Geschlossene Fragen sind solche, die mit »Ja«, »Nein« oder mit einer bestimmten, unveränderlichen Information beantwortet werden können. Zum Beispiel: »Dürfen wir es Ihnen nach Hause schicken?«, »Um wie viel Uhr kommen Sie wieder vorbei?«, »An welchem Tag waren Sie beim Arzt?«. **Vorteile der geschlossenen Fragen sind:** Sie liefern gezielte Informationen und verhindern ausufernde Exkurse. Gerade wenn Ihr Gesprächspartner sich in ausufernde Erklärungen über Dinge ereifert, die nicht zum Gesprächsergebnis beitragen, ist es möglich, ihn mit einer geschlossenen Frage zu unterbrechen und die Gesprächsführung wieder zu übernehmen. **Nachteile der geschlossenen Fragen:** Sie sind zur Vertiefung nicht geeignet. Am Anfang des Gespräches verwendet, dienen sie sogar als wahrhaftiger Gesprächskiller. Außerdem zwingen sie zu einer raschen Antwort, die deshalb manchmal falsch ausfallen kann. Schließlich gehen uns geschlossene Fragen darüber hinaus irgendwann mal aus, denn wir sind gezwungen, uns sehr schnell wieder neue einfallen zu lassen. Fazit: Geschlossene Fragen sollten wir sehr sparsam und gezielt einsetzen!

Offene Fragen: Wirklich offene Fragen sind weniger Fragen, als vielmehr Aufforderungen. Sie beginnen in etwa mit »Erzählen Sie doch mal ...«. Was man gemeinhin als offene Fragen bezeichnet, sind eher »halbstrukturierte« Fragen, die mit den Wörtchen »was«, »wie«, »wer«, »wann« beginnen. **Vorteile der offenen Fragen**: Sie wirken öffnend und ermutigend, und erlauben dem Befragten, den Vorgang mit eigenen Worten zu schildern. Sie signalisieren Interesse und Zuwendung und fördern die Selbsterkenntnis. Finden Sie die Bedürfnisse des Kunden durch Fragen heraus und formulieren Sie den Nutzen Ihrer Produkte in Ihrer Argumentation, indem Sie sich genau auf die Kundenbedürfnisse beziehen! Dabei gibt es keine festen Regeln, wie viele Fragen wirklich zielführend sind. Das ergibt sich aus dem Gesprächsverlauf und aus dem, was Ihr Gesprächspartner Ihnen sagt. **Nachteile der offenen Fragen**: Sie ermöglichen dem Befragten, unangenehme Themen zu umgehen, und begünstigen Abschweifungen vom Thema. Schließlich kann der Gesprächspartner hier viel mehr entscheiden, in welche Richtung das Gespräch geht.

Übrigens: Viele Menschen empfinden es als unhöflich, wenn sie nach dem »Warum« gefragt werden, denn diese Frage bringt sie in eine Rechtfertigungsposition, in der sie sich unwohl fühlen. Aus genau diesem Grund stellt auch Ihr Kunde Ihnen diese Frage auch dann nicht, wenn ihn die Antwort darauf brennend interessieren würde. Wichtig für Ihre Gespräche ist also, selbst immer unaufgefordert das »Warum« zu beantworten. Machen Sie es sich zur Angewohnheit, jede Ihrer Aussagen mit einem »Warum?« laut zu hinterfragen, begründen Sie also die Frage sofort, und ersparen Sie damit Ihrem Kunden eine unangenehme Situation.

3.3 Motivation

Nachdem wir durch gezielte Fragen herausgefunden haben, was die Wünsche unseres Gegenübers sind, wollen wir ihm Lösungsvorschläge anbieten. Wir bezwecken mit diesem Angebot, dass der Kunde die ihm angebotene Lösung auch annimmt und umsetzt. Ob ein Mensch sich aber entscheidet, etwas zu tun oder nicht, hängt direkt mit seiner persönlichen Überzeugung zusammen, ob ihm etwas nützlich ist oder nicht. Dieser Nutzen setzt sich einerseits aus nachweisbaren Produkteigenschaften zusammen und andererseits aus persönlichem Verlangen, das wiederum durch unterschiedlich gelagerte Motivationen entsteht.

3.3.1 Die Bedürfnispyramide nach Abraham Maslow

Abbildung 3: Die Bedürfnispyramide nach Maslow

Es gibt in der wissenschaftlichen Literatur unterschiedliche Motivationstheorien. Letztlich gehen diese alle auf den im letzten Jahrhundert tätigen Psychologen Abraham Maslow zurück. Er zeigte durch Versuche an Affen, dass manche Bedürfnisse vorrangiger sind als andere. Diese Ergebnisse aus dem Tierversuch verifizierte Maslow auch für menschliches Verhalten: Wenn Sie beispielsweise sehr dringend zur Toilette müssen, werden Sie Ihr Bedürfnis nach Unterhaltung durch den gerade laufenden Spielfilm hinten anstellen. Und so entwickelte Maslow die Bedürfnispyramide, die die Bedürfniskategorien in der Reihenfolge ihrer Dringlichkeit darstellt (Abbildung 3).

Zur Sicherung der Existenz sind zunächst physiologische Bedürfnisse zu nennen, wie Essen, Trinken, Atmen, Temperatur, Schlaf, Verdauung, Bewegung, Vermeidung von Schmerz. Laut Maslow müssen zunächst diese Bedürfnisse gestillt werden, sie stellen die Basis der Existenz dar. Das bedeutet für uns in der Apotheke, dass beispielsweise ein Apothekenkunde, der unter akuten Schmerzen leidet, nicht wirklich zuhören kann, wenn wir ihn beraten wollen. Zunächst muss sein Schmerz gestillt werden.

Sind die physiologischen Bedürfnisse gestillt, folgen die Sicherheitsbedürfnisse. Bildlich ausgedrückt: Ist man einmal richtig satt, so möchte man auch für morgen, übermorgen und alle darauf folgenden Tage die Sicherheit haben, versorgt zu sein. Im Alltag sind es die Versicherungen, das eigene Haus oder der feste Arbeitsvertrag, mit dem wir diese Sicherheitsbedürfnisse stillen. In der Apotheke benötigt der Kunde die Sicherheit, das richtige Arzneimittel in der richtigen Dosierung und Anwendungsdauer von uns empfohlen zu bekommen. Das Bedürfnis nach guter pharmazeutischer Beratung, das als Sicherheitsbedürfnis gilt, spricht also sehr tiefgehende menschliche Bedürfnisse an.

Das nächste Bedürfnis ist der Wunsch nach Liebe, Familie und Zugehörigkeit. Auch der Wunsch, ein Teil einer Gemeinschaft zu sein, zählt zu diesem Bereich. In der Apotheke finden zum Beispiel Stammkunden Zugehörigkeit. Aber auch im Kollegenteam kann man als Mitarbeiter Zugehörigkeit finden.

Sind physiologische Bedürfnisse, Sicherheitsbedürfnisse und Zugehörigkeitsbedürfnisse gestillt, folgt das Bedürfnis nach Wertschätzung und Geltung. Maslow unterscheidet einerseits die Wertschätzung, die man von außen erhält (»Das hast du sehr gut gemacht, du bist ein toller Mitarbeiter/Kollege/Kunde«), und andererseits die Selbstachtung und das Selbstvertrauen, das von innen kommt (»Ich bin gut.«).

Alle bisher genannten Bedürfnisse sind Mangelbedürfnisse: Der Mangel tritt auf, wird spürbar und muss beseitigt werden. Laut Maslow ist persönliche Entfaltung erst möglich, nachdem alle niedrigeren Mangelzustände beseitigt wurden.

Selbstverwirklichung: Maslow hat eine Reihe von bedeutsamen Persönlichkeiten analysiert und herausgefunden, dass sie einige gemeinsame Eigenschaften haben. Dabei handelte es sich in der Regel um autonome Personen, die auch gut alleine zurechtkommen. Sie konzentrieren sich auf das, was um sie herum passiert, und suchen Lösungen für vorhandene Probleme, ohne das Problem persönlich zu nehmen. Weitere Eigenschaften, die Maslow bei ihnen entdeckte, waren unter anderen

▶ Gutmeinender, respektvoller Humor, Güte insgesamt

▶ Spontanität

▶ Demut und ethische Wertvorstellungen

▶ Aufgeschlossenheit und Kreativität

▶ Einzigartigkeit

Maslow war der Meinung, dass zunächst die Defizite beseitigt werden müssen, bevor man Selbstverwirklichungstendenzen nachgeht. Andernfalls war er der Überzeugung, dass man Krankheiten wie Depressionen entwickeln kann oder einfach verzweifelt.

Was bedeutet das für uns im Beratungsgespräch? Die meisten unter uns und unter unseren Kunden haben Mangelbedürfnisse. Es ist insbesondere der Bedarf an Sicherheit und an Wertschätzung, der täglich in der Apotheke auffällt. In diesem Zusammenhang ist es sicher wichtig zu erkennen, welchen Mangelzustand man selber mitbringt, und so gut wie möglich daran zu arbeiten, diesen Mangel zu beseitigen. Denn ein Sicherheitssuchender kann nicht Anderen Sicherheit bieten, genauso wie jemand, der mangelnde Wertschätzung erfahren hat, diese Anderen nicht schenken kann.

Unter Stress fallen Menschen auf niedrigere Level zurück. Stress wird dadurch verursacht, dass plötzlich etwas passiert, das ein Basisbedürfnis, das bisher gestillt war, wieder aufflammen lässt. Und genau in dieser Situation sind viele unserer Apothekenkunden: Sie haben ein Problem mit ihrer Gesundheit, das nimmt ihnen die Sicherheit weg, sich auch morgen so fühlen zu können wie heute. Und sie haben unter Umständen ein Problem mit der Wertschätzung, weil sie entweder denken, dass sie nicht die Behandlung bekommen, die ihnen zusteht, oder weil sie sie tatsächlich nicht bekommen.

TIPP FÜR DIE PRAXIS:

Mit der Frage »Wie würde meine Beratung / unser Gespräch für Sie am besten sein / verlaufen?« können Sie die Idealwelt Ihres Gesprächspartners hinterfragen und somit das Bedürfnis herausfinden, das in dem Augenblick des Gesprächs am schnellsten befriedigt werden muss. Hören Sie genau hin, um es herauszufinden, und gehen Sie anschließend darauf ein, indem Sie deutlich machen, wie Ihr Angebot oder Ihre Beratung genau die geforderten Aspekte befriedigen.

3.3.2 Die unterschiedlichen Motivationen nach Steven Reiss

Eine weitere Motivationstheorie, die in der pharmazeutischen Beratung erleichternd sein kann, wurde von dem Psychiater Steven Reiss begründet. Er untersuchte in unterschiedlichen ethnischen Gruppen mehrere tausend Personen in einer groß angelegten Studie. Seine Methode wird häufig von Kommunikationsprofis benutzt, denn sie erlaubt eine große Differenzierung zwischen unterschiedlichen Menschen. Darüber hinaus hilft sie unserer Phantasie, uns noch besser in andere Menschen hineinzuversetzen. Das Erkennen der eigenen Motivation und die des Gesprächspartners hilft, einander zu verstehen! Nach Reiss gibt es 16 menschliche Hauptmotivationen, die größtenteils angeboren sind, also in der Natur des jeweiligen Menschen liegen. Diese treiben uns an, etwas zu tun oder zu lassen.

Solange wir uns jemandem gegenübergestellt sehen, der ähnliche Motive hat wie wir selbst, werden wir ihn sympathisch finden und es »leicht« im Umgang mit ihm haben. Sobald sich Motivationen unterscheiden, finden wir andere langweilig, unsympathisch oder provozierend. Hier fängt die große Kunst an, die den Profi vom Amateur unterscheidet: Andere Menschen in ihrer Motivation zu erkennen und ihnen auch darin zu begegnen – dies schafft wesentlich mehr Vertrauen. Motivationsorientierte Ansprachen helfen uns also, sympathischer und umgänglicher für unsere Gesprächspartner zu sein. Auf diese Weise lassen sich Gespräche leichter führen.

Kommen Ihnen manche Formulierungen Ihrer Gesprächspartner manchmal seltsam, gar aufdringlich oder besserwisserisch vor? Können Sie mit manchen gar nichts anfangen? Das ist ganz natürlich. In der Regel passen diese dann zu Motiven, die nicht Ihre persönlichen Motive sind – und sprechen Sie persönlich einfach nicht an. Genau so, wie sich möglicherweise andere Leute von den Formulierungen, die Ihnen ganz gut gefallen, nicht auf Anhieb angesprochen fühlen würden. Das ist ein Grund mehr, um möglichst viele Alternativen zu haben! Sie sehen: Andere Menschen tun nicht nur so, als ob sie anders seien, sondern sie sind wirklich anders. Und sie geben nicht vor, uns nicht zu verstehen, sondern sie verstehen uns vielfach wirklich nicht.

Im Folgenden sind die Motive, die Reiss beschreibt, vorangestellt und einige motivationsorientierte Sätze zusammengefasst, die für Ihre Gespräche nützlich sein können. Wir nennen dabei zuerst das zugrunde liegende Motiv und anschließend einige zum Motiv passende Sätze (Tabelle 1). Dabei handelt es sich natürlich nur um Beispielsätze, um die Motivation zu erklären, die inhaltlich auf den Einzelfall angepasst werden müssen.

Motive	Motivationsorientierte Sätze
Power Der Wunsch zu beeinflussen	»Sie können selbst bestimmen, wie sich Ihr gesundheitlicher Zustand entwickelt.« »Was Sie sagen, stimmt genau.« »Gerade Sie werden das hinkriegen / Wer, wenn nicht Sie / Sie doch nicht ...«
Unabhängigkeit Sich auf die eigenen Fähigkeiten verlassen können	»Überlassen Sie Ihre Gesundheit nicht dem Zufall.« »Mit dieser Behandlung werden Sie beinah unabhängig von Wetter, Stress und Erkältungsviren.«
Neugier Der Hunger nach Wissen	»Haben Sie schon einmal ausprobiert, wie Produkt® riecht?« »Kennen Sie das komplette Sortiment?« »Ich zeige Ihnen hier etwas ganz Neues«

Motive	Motivationsorientierte Sätze
Anerkennung Der Wunsch, von Anderen angenommen zu werden	»Sie sind richtig gut informiert!« »Ich bin stolz auf Sie. So gut wie Sie macht das kaum jemand.« »Klasse Idee. Nicht zu übertreffen.«
Ordnung Organisation als Lebensziel	»Nehmen Sie jeden Tag eine Tablette.« »Das Gute ist, dass sich Tag für Tag regelmäßig Ihr Zustand verbessern wird.«
Sparen Dinge sammeln, auch Geld	»Damit werden Sie nicht nur Geld, sondern auch Ärger sparen.« »Hm, ja, verstehe … Sie möchten noch einmal nachdenken … Sagen Sie mir kurz, worüber? Dann könnten wir Ihre Zeit sparen …« »Angenommen, der Preis wäre nicht … Haben Sie sonst noch eine Frage zu diesem Produkt?«
Ehre Der Wunsch, den Eltern und dem Erbe gegenüber loyal zu sein	»Wenn jeder sich so verhalten würde, wie Sie, wäre das toll!« »Es ist unsere persönliche Aufgabe, für unsere Gesundheit zu sorgen. Damit unterstützen wir auch unsere Familien.«
Idealismus Soziale Gerechtigkeit als Lebensziel	»Unser Ziel ist, diese gute Behandlung jedem zukommen zu lassen.« »Es geht mir nicht in erster Linie um den Verkauf. In erster Linie geht es darum, das Richtige zu verkaufen.«
Beziehungen Freundschaft und Freunde als Lebensmittelpunkt	»Ich persönlich packe immer eins mehr ein für meine Freundin, weil sie selber nie daran denkt.« »Ich bin jederzeit für Sie da!« »Das ist mein Lieblingsarzneimittel.«
Familie Eigene Kinder großziehen	»…damit Ihre Enkelkinder große Augen machen!« »Meine Tochter hat gleich alles gekauft.« »Das schönste Geschenk, damit Kinder bald wieder gesund sind.«
Status Der Wunsch nach gesellschaftlicher Anerkennung	»Dieses Produkt ist Kult.« »Sie entscheiden sich für das Beste.« »Darf ich es für Sie besonders schön/schnell/etc. machen?«
Rache/Wettbewerb Der Wunsch, besser zu sein als Andere und Anderen etwas beweisen zu wollen	»Verraten Sie diesen Trick aber keinem weiter!« »Wer will schon den Kürzeren ziehen!« »Wer will schon auf Gesundheit verzichten!«

Motive	Motivationsorientierte Sätze
Romantik Die Liebe zu schönen Dingen, Ästhetik und Romantik	»Auch wenn Sie meinen, dass Sie selber es nicht brauchen – bestimmt kennen Sie jemanden, der Ihnen sehr am Herzen liegt. Wie wäre es mit einem Geschenk »...damit Du an mich denkst«?« »Das ist eine Liebeserklärung der besonderen Art.«
Essen Der Wunsch, Nahrung zu verzehren	»Nähren Sie auch Ihren Wunsch nach Entspannung.« »Dieser Tee tut nicht nur gut, er schmeckt auch gut.« »Mit freien Atemwegen schmeckt das Essen auch wieder besser.«
Physische Aktivität Training, Body Building als Lebensinhalt	»Für Sportler besonders geeignet. Damit Sie sich so bewegen können, wie Sie möchten.« »Bewegung ist alles. Hiermit geht es einfach leichter und macht auch noch Spaß.«
Ruhe Emotion in der Waage halten und Beunruhigungen vermeiden	»Ich verstehe genau, was Sie meinen.« »Ein ruhiges Gefühl zu haben, Sicherheit für Ihre Familie kaufen zu können, das Richtige einnehmen – dafür wollen wir in der Apotheke sorgen.«

Tabelle 1: Motivationen nach Steven Reiss und passende Sätze

Es ist wichtig zu verstehen, dass kein Basisverlangen, keine Motivation an sich gut oder schlecht ist. Auch die Reihenfolge obiger Nennungen lässt nicht auf eine Reihenfolge der Wichtigkeit schließen. Beachtet man das Vorhandensein der unterschiedlichen Motive nicht, entstehen kommunikative Barrieren, die sich laut Reiss als Missverstehen, Selbstillusion oder Wertetyrannei bemerkbar machen.

Missverstehen: Betrachtet man das, was Menschen mit anderen Motiven als den eigenen tun, fühlt man sich laut Reiss häufig verwirrt und ist leicht dazu geneigt, ein Urteil zu fällen. So kann jemand, dessen Motivation »Neugierde« ist, nicht verstehen, dass Menschen ohne dieses Motiv keinen Wert auf Neuigkeiten und Überraschungen legen, und umgekehrt. Jemand, der gerne spart, kann nicht verstehen, dass sich ein anderer verausgabt.

TIPP FÜR DEN ALLTAG:

Nehmen Sie jeden so, wie er ist. Beherzigen Sie folgenden Satz: Andere Leute tun nicht so, als ob sie anders wären, sondern sie sind wirklich anders.

Selbstillusion: Manche Leute gehen davon aus, dass das, was sie tun oder glauben, das »einzig Wahre« ist, nicht nur für sie persönlich, sondern auch für den Rest der Menschheit, sagt Steven Reiss. Ein gutes Beispiel ist das Empfehlen oder Abraten von bestimmten Produkten, ausschließlich entsprechend der eigenen Überzeugung.

TIPP FÜR DEN ALLTAG:

Überlegen Sie nicht, was für Sie gut wäre. Überlegen Sie vielmehr ernsthaft, was für Ihren Kunden gut wäre. Versuchen Sie, wann immer es Ihnen möglich ist, sich selber nicht als Erdmittelpunkt zu begreifen – Ihr Gegenüber findet sich selber mindestens genauso wichtig – wenn nicht wichtiger!

Wertetyrannei: Das Vorhandensein unterschiedlicher Motive nicht wahrhaben zu wollen, führt Menschen dazu, ihre Gesprächspartner durch Dauererziehungsversuche in einem andauernden Kampf von ihren Zielen, ihren Werten und ihrer Lebensweise abbringen zu wollen. Reiss betont, dass sich besonders im Kampf der Generationen die Wertetyrannei deutlich macht. Die dahinterliegende Logik ist einfach: Jeder Mensch kann seine persönlichen Motive am einfachsten nachvollziehen und hält sie daher für »richtiger« als andere. Dadurch fühlt er sich autorisiert, Andere belehren und bekehren zu wollen. Ein Teufelskreis ...

TIPP FÜR DEN ALLTAG:

Lassen Sie andere Einstellungen, Werte und Sichtweisen zu. Vielleicht erfahren Sie sogar dadurch etwas, was Sie weiterbringt? Ihre persönliche Welt hört nicht deshalb auf zu existieren, nur weil ein Anderer etwas Anderes glaubt.

»It's about integrating individual clinical expertise and the best external evidence.«

David Sackett

4 Arzneimitteltherapiesicher-
heit und Therapietreue

Was ist die Uraufgabe des Apothekers? Die Bevölkerung sachgemäß mit Arzneimitteln zu versorgen und bei Selbstmedikationsarzneimitteln zwingend zu beraten. In diesem Kapitel möchten wir Sie mit den Techniken vertraut machen, die Ihnen erlauben, genau das zu tun. Damit tragen Sie zur Arzneimitteltherapiesicherheit bei – denn nur solange der Kunde in Ihrer Apotheke ist, können Sie auf ihn Einfluss nehmen, in einer Art und Weise, dass ihm nichts anderes übrig bleibt, als das Arzneimittel richtig einzunehmen.

4.1 Aufgepasst, jetzt spreche ich

Woher kann ich denn alles wissen, was ich meinem Kunden sagen sollte? Viel Hintergrundwissen und alltagstaugliche Methoden, um den gesetzlichen Auftrag zu erfüllen, Kunden begeisternd zu beraten und das Team zu motivieren

Schaut man sich in den letzten Jahren neugierig im Umfeld der öffentlichen Apotheke um, so entdeckt man zahlreiche Neu-, aber auch Altorientierungen:

▶ Die City-Center-Apotheke als Supermarkt, in der sich eine reichlich bestückte Freiwahl mit zahlreichen Preisaktionen anbietet, wo viele größtenteils sehr junge HV-Kräfte eine noch größere Anzahl von Kunden bedient.

▶ Die Landapotheke, die noch ein bisschen verschlafen beinahe so wirkt, als hätten die Gesetzesänderungen der letzten Jahre dort niemanden erreicht.

▶ Unterschiedlichste Pseudo-Ketten-Apotheken, die sich mit den jeweiligen Farben und Mustern der einen oder anderen Kooperation als zugehörig erweisen.

▶ Und immer öfter, unabhängig von Lage, Größe, Kundenfrequenz oder Kooperation: die pharmazeutisch positionierte Apotheke, bei der jeder Mitarbeiter jeden Kunden zu jedem Arzneimittel kurz, kompetent und kundenorientiert berät.

Ich möchte im Weiteren für die Apotheke plädieren, die pharmazeutisches Fachwissen mit der nötigen kommunikativen Beimengung motivierend vermittelt, die sich im rezeptpflichtigen Bereich genauso gut auskennt wie in der Selbstmedikation und sich damit unabhängig von Preis, Wartezeit und Apothekenmobiliar unentbehrlich für den Patienten macht. Das kann jede Apotheke sein! Richtig gute qualitative Arbeit wird darüber hinaus unweigerlich finanziellen Erfolg nach sich ziehen. Es lohnt sich also für den Apothekenkunden, der eine bessere Betreuung erhält, es lohnt sich für die beteiligten Fachgruppen, die eine angenehmere Arbeit mit uns haben, und es lohnt sich für uns: Eine qualitativ hochwertige Arbeit ist nicht nur erfüllender, sondern auch finanziell sicherer.

Die Kommunikationswissenschaft kennt drei unterschiedliche Beratermodelle, bei denen unterschiedliches Fach- und Methodenwissen sowohl vom Kunden als auch vom Berater verlangt wird (siehe Tabelle 2).

	Beratermodell »Experte«	Beratermodell »Arzt«	Beratermodell »Coach«
Fachwissen	Beim Berater	Beim Berater	Beim Kunden
Methodenwissen	Beim Kunden	Beim Berater	Beim Berater
Diagnose	Durch den Kunden	Durch den Berater	Wird gemeinsam erarbeitet
Behandlung	Durch den Berater	Durch den Berater	Durch den Kunden
Beispiel	Der Kunde erkennt eigenständig und genau, welches Problem vorhanden ist, und sucht gezielt nach einem fähigen Experten, um dieses Problem zu lösen. Beispiel: Wasserrohrbruch erkennen und Installateur beauftragen.	Der Kunde erkennt eine Mangelsituation, kann aber das Problem nicht identifizieren und weiß aus dem Grund auch keinen oder keinen vollständigen Lösungsvorschlag. Beispiel: Patient und Arzt	Der Kunde erkennt eine Mangelsituation, identifiziert das Problem und hat keine oder diverse Lösungsvorschläge, von denen er nicht genau weiß, wie oder in welcher Reihenfolge sie umgesetzt werden können. Beispiel: Sporttrainer.

Tabelle 2: Beratermodell Experte, Arzt und Coach

Die Rolle des pharmazeutischen Beraters befindet sich situativ jeweils zwischen der Rolle »Arzt« und der Rolle »Coach«. Denn während das Fachwissen in der Regel beim Pharmazeuten liegt, wird die Diagnose für die Selbstmedikation insofern gemeinsam erarbeitet, als der Pharmazeut die Eigendiagnose des Kunden überprüft. Auch wird ein zusätzlicher Wunsch für die Selbstmedikation auf Kompatibilität mit der bereits vorhandenen Medikation aus fachlicher Sicht überprüft. So gilt der Pharmazeut eher als Informationsvermittler und als Entscheidungshelfer (Tabelle 3).

	Beratermodell »Apotheker«
Fachwissen	Beim Berater
Methodenwissen	Beim Berater
Diagnose	Durch Kunden und Berater
Behandlung	Durch den Kunden
Beispiel	Der Kunde erkennt eine Mangelsituation, kann das Problem in der Regel nicht vollständig identifizieren, aber hat häufig einen (Teil-) Lösungsvorschlag. Der Apotheker überprüft die Verknüpfung von Mangelsituation und Lösungsvorschlag oder macht einen neuen Lösungsvorschlag, versorgt den Kunden mit dem notwendigen Arzneimittel und gibt eine Anleitung, wie dieses verwendet wird.

Tabelle 3: Beratermodell »Apotheker«

Was können Sie aus organisatorischer Sicht tun, um Ihre pharmazeutische Beratung zu verbessern? Hier sind einige Anhaltspunkte:

▶ Holen Sie Ihre Arbeitsplätze nach vorne in den Sichtbereich Ihrer Kunden. So können alle Mitarbeiter immer »vorne« bleiben.

▶ Vereinbaren Sie Sprechzeiten mit Ihren Kunden für eine eingehende Beratung, insbesondere auch **nach** der ersten Abgabe von Arzneimitteln für eine neue Indikation.

▶ Bieten Sie als etwas Besonderes und explizit die Beratung durch einen approbierten Apotheker an.

▶ Bereiten Sie Ihre Beratungsgespräche inhaltlich vor – wie das genau geht, wird weiter unten erläutert.

Wir glauben fest daran, dass pharmazeutisches Können das A und O für die Zukunft der Apotheke ist. Daher müssen wir uns die Frage stellen, was wir aus inhaltlicher Sicht tun können, um die pharmazeutische Qualität unserer Arbeit zu verbessern (Abbildung 4).

Die Leitfrage des Ansatzes der evidenzbasierten Medizin, die man auch auf die evidenzbasierte Pharmazie übertragen kann, fassen Bury und Mead folgendermaßen zusammen: »How do you know that what you do works?«, sinngemäß übersetzt: »Woher wissen Sie, dass das, was Sie tun, auch funktioniert?«. Für die Praxis bedeutet dies, dass wir in der Apotheke zwar unsere eigene Erfahrung, die Erfahrung der Kollegen und den Kundenwunsch berücksichtigen sollten, doch das ist nicht genug. Vielmehr müssen wir auch den aktuellen Forschungsstand berücksichtigen und damit dem Apothekenkunden eine Entscheidungsgrundlage liefern, die sich möglicherweise deutlich unterscheidet von einer, die er als Laie selbständig erarbeiten kann. Erst in jüngster Zeit fing die wissenschaftliche Gemeinde an, sich zu fragen, wie viel Wissenschaft die Selbstmedikation benötigt. Zum Wohle des Kunden ist es dringend notwendig, bereits vorhandene externe Evidenz aus klinischen Studien in die pharmazeutische Therapieentscheidung mit einzubeziehen. Die **klinische Datenlage** für Selbstmedikationsarzneimittel ist dürftig und nicht strukturiert als inhaltliche, evidenzbasierte Leitlinie vorhanden. Da-

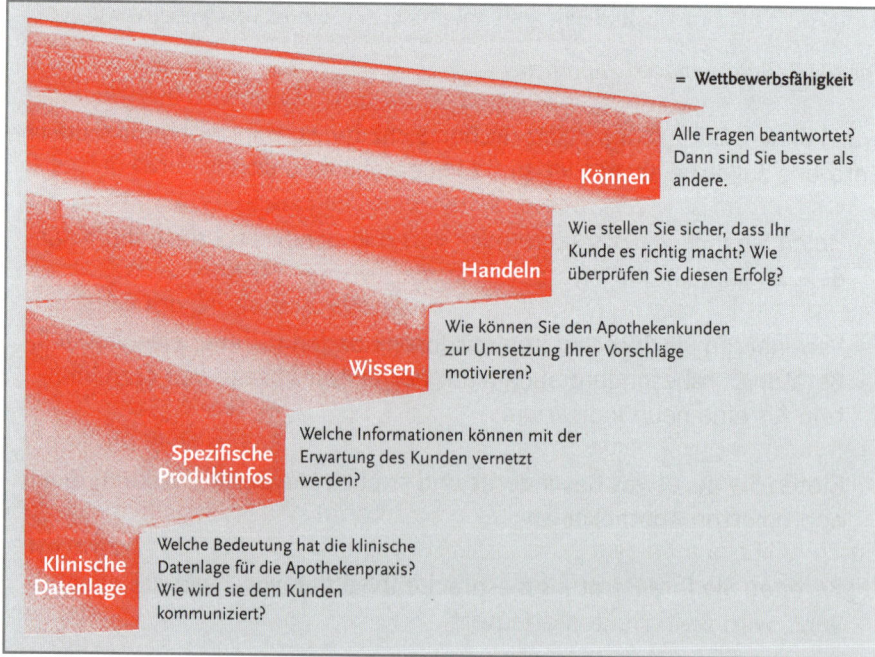

Abbildung 4: Die Wissenstreppe (modifiziert nach North)

mit wir in der Apotheke tatsächlich auf Basis existierender klinischer Daten entscheiden können, ist es wichtig, diese Daten systematisch zu sammeln und die Qualität der Studien zu bewerten, um eigene Empfehlungen daraus abzuleiten. Berücksichtigen wir die aktuellen Forschungsergebnisse nicht, werden wir in Zukunft immer genauer begründen müssen, warum wir das nicht getan haben.

Ihr Kunde hat nicht das Gefühl, das theoretische Hintergrundwissen zu benötigen. Vielmehr interessiert es ihn, warum Sie genau das Arzneimittel, das Sie ihm vorlegen, für ihn ausgesucht haben. Diese Erwartungshaltung hat er auch, wenn er mit einem expliziten Produktwunsch kommt. Darüber hinaus wird er auch mit Werbeaussagen des Herstellers konfrontiert sowie mit eventuellen Aussagen von Freunden und Bekannten. Erst die **spezifischen Produktinfos**, die Sie ihm mitgeben, versetzen ihn auf die nächste Stufe ...

... nämlich dass er ausreichend **Wissen** über das Arzneimittel besitzt, um es anzuwenden. Dieses Wissen muss Ihr Kunde aber nicht zwingend anwenden. Dieses wird er nur tun ...

... wenn Sie ihm aufzeigen, wie er selber **handeln** kann, indem er das theoretische Wissen bildlich in den Alltag überführt und die wichtigsten Dinge zum Arzneimittel beherrscht und indem Sie ihn durch Ansprechen seiner persönlichen Motive dazu bewegen, sein Wissen tatsächlich umzusetzen. Denn der Nutzwert eines Arzneimittels setzt sich zusammen aus dessen Wirksamkeit UND der Compliance des Kunden, die dazu führt, dass das Arzneimittel auch tatsächlich verwendet wird. Und so wird Ihr Kunde dann geneigt sein, sein Wissen in die Tat umzusetzen, wenn es sich für ihn »lohnt«, das Ziel zu erreichen, also wenn seine persönlichen Motive durch dieses Ziel erfüllt werden und wenn er sich selber eine realistische Erfolgswahrscheinlichkeit zurechnet.

Das ist echtes **Können.** Für Sie durch die gute Vorbereitung des Gespräches und das gute methodische Umsetzen. Und auch für Ihren Kunden, weil er tatsächlich etwas für seine Gesundheit selber tun kann.

Führen Sie diese Schritte sorgfältig durch, und begleiten Sie ihren Kunden auch nach dem Kauf bei seiner Therapie, indem Sie ihn regelmäßig dazu befragen und beraten. Schaffen Sie ein deutliches Unterscheidungskriterium durch echte pharmazeutische Qualität. Das führt Sie zur **Wettbewerbsfähigkeit** und alle Beteiligten zur Arzneimitteltherapiesicherheit.

Also 'ran an den Kunden und 'raus mit der Sprache: Was soll er einnehmen? Wie oft? Wie lange? Und warum überhaupt? Und was fehlt ihm sonst noch?

Wissen Sie es? Dann sind Sie vielen Anderen weit voraus. Greifen Sie auf den großen Fundus Ihres Fachwissens zurück und zeigen Sie allen, was Sie drauf haben. Sie können helfen, wenn Sie wollen. Sie werden helfen, wenn Sie können. Denn ungefähr jeder zweite Ihrer Kunden ist mit dem, was der Arzt versucht hat zu erläutern, schlicht und ergreifend überfordert. Ihre Kunden brauchen mehr Zeit und eine einfachere Sprache, um sich zu gesundheitsbezogenem Verhalten motiviert zu fühlen.

Und daran merken Sie, ob Sie auf einem guten Weg sind: Hand aufs Herz ...

▶ Wie viele Kunden bleiben beharrlich in der Schlange an Ihrer Kasse stehen, weil sie außer mit Ihnen mit niemandem reden möchten?

▶ Wie viele Ihrer Kunden schicken Ihnen ihre Familienangehörigen und Freunde, die sich ihrerseits bei Ihnen an die Kasse stellen und sich von dort nicht mehr bewegen, bis sie von Ihnen beraten wurden?

▶ Wie viele lassen sich noch per Telefon oder Internet von Ihnen beraten, nachdem sie längst in eine andere Stadt gezogen sind?

▶ Und wie viele von allen diesen Leuten sind bereit, auch ihr Geld bei Ihnen zu lassen und die Arzneimittel dort zu kaufen, wo sie auch die Beratung erhalten haben?

Um das zu erreichen, setzen Sie alles Können und Wollen dafür ein, dass sich das leichte Interesse, das Sie für Ihren Kunden empfinden, in eine belastbare Beziehung verwandelt, weil Sie eine tiefe Verantwortung für seine Gesundheit übernehmen. Apotheker oder PTA zu sein, ist kein Job. Es ist ein Beruf. Auch wenn man ihn in Teilzeit ausübt und zu Hause die Kinder warten. Auch wenn eine Menge Bürokratie zu erledigen ist oder wenn ein Fünftel Ihrer Kunden Selbstmedikationsarzneimittel im Internet kaufen. Pharmazeutische Kompetenz wird sich durchsetzen, wenn Sie sich dafür einsetzen. Was wäre, wenn alles so gut organisiert wäre, dass Sie nicht anders könnten, als es einfach gut zu machen? Wenn jedes klitzekleine Detail schon mal gedacht worden wäre? So eine Art Qualitätsmanagement für die Köpfe, bei dem überlegt wird, wer welche Wertehaltung und Fähigkeiten in welches Verhalten Kunden und Kollegen gegenüber umsetzen kann und soll? Ganz einfach: Dann hätten Sie ein Kompetenzmanagementsystem installiert.

TIPP FÜR DEN ALLTAG:

Drei einfach durchzuführende Übungen erleichtern Ihnen das Lernen von Fachwissen – hier sind sie:

*Übung 1 (alleine): Nehmen Sie sich jeden Tag genau 10 Minuten Zeit für das Lesen eines Beipackzettels. Gerade Anfänger haben es am Anfang etwas leichter, wenn sie den »täglichen« Beipackzettel **zunächst ohne Anspruch auf Verstehen (!)** lesen. Nach genau 10 Minuten ist der Beipackzettel entweder vollständig gelesen, oder nicht – in jedem Fall faltet man ihn dann wieder zusammen. Nach kurzer Zeit werden Sie Ähnlichkeiten entdecken, aber auch Unterschiede. Das Lesen **UND** Verstehen der Beipackzettel wird von Mal zu Mal automatisch leichter für Sie werden.*

Übung 2 (im Team): Nehmen Sie einen Stapel Rezepte zur Hand und legen Sie ein Rezept nach dem anderen im Takt vor sich hin. Konzentrieren Sie sich auf das zuoberst verordnete Medikament. In der ersten Schwierigkeitsstufe nennen Sie die Wirkstoffgruppe, zu der das Medikament gehört: »Ramipril = ACE-Hemmer, Amoxicillin = Aminopenicilline, Diclofenac = Nichtsteroidale Antirheumatika«. In der zweiten Schwierigkeitsstufe nennen Sie die Indikation, bei der das betreffende Arzneimittel eingesetzt wird: »Ramipril = Bluthochdruck, Amoxicillin = Infektionen, Diclofenac = Schmerzen«. Und schließlich nennen Sie die pharmazeutisch sinnvolle Zusatzempfehlung zu diesem Medikament: »Ramipril → Blutdruckmessgerät (lange HWZ!), Amoxicillin → Thermometer, Diclofenac → Protonenpumpeninhibitor«.

Übung 3 (alleine oder im Team): Lesen Sie täglich eine klinische Studie und gewöhnen Sie sich an die dort genannten Begriffe. Fangen Sie dann an, diese Begriffe einzeln nachzuschlagen oder sich erläutern zu lassen – einen nach dem anderen, bis Sie alles verstanden haben. Fangen Sie an, darüber zu reden und es Anderen zu erläutern.

4.2 Das pharmazeutische Gespräch planen

Eine sinnvolle pharmazeutische Rundum-Beratung fällt niemandem in den Schoß, sondern muss gut vorbereitet werden. Das können Sie sehr gut anhand der in Ihrer Apotheke vorkommenden Rezepte machen. Analysieren Sie als hierfür verantwortlicher Apotheker die häufigsten Indikationen und beschäftigen Sie sich mit der Lebenssituation von akut oder chronisch Kranken. Beantworten Sie folgende Fragen:

Indikation: Welche Indikationen kommen in unserer Apotheke am häufigsten vor? Wählen Sie zunächst die ersten fünf Häufigsten, machen Sie dann nach drei Monaten weiter mit den folgenden fünf und so weiter. Durchforsten Sie die Literatur- und Leitliniendatenbanken nach dem aktuellen klinischen Wissen zu diesen Indikationen und schulen Sie das Apothekenteam dazu. Dazu können Sie selbst eine Schulung ausarbeiten oder auf bestehende Unterlagen und Angebote zurückgreifen.

Lebenssituation: In welcher Lebenssituation befinden sich diese Kunden aufgrund ihrer Erkrankung? Listen Sie alles auf, was Sie zusätzlich für sie tun können. Nehmen Sie gegebenenfalls Kontakt zu den entsprechenden Selbsthilfegruppen auf, um Ihr Wissen zu den Zielgruppen zu verbessern. Nennen Sie konkrete Produktempfehlungen und sorgen Sie nach Möglichkeit dafür, dass es sich dabei um Produkte handelt, deren Wirksamkeit wissenschaftlich gut belegt ist und die Ihre Kunden nur in der Apotheke bekommen.

Nebenwirkungen: Welche Nebenwirkungen verursachen die eingenommenen Medikamente? Gibt es Arzneimittel oder andere Produkte, mit denen Sie die Nebenwirkung beheben oder vermindern können? Wenn ja, gehören diese unbedingt in Ihre konkrete Empfehlung hinein. Wir können umfassend informieren zu Neben- und Wechselwirkungen sowie zu Kontraindikationen. Hierzu reicht es in der Regel nicht aus, nur die Fachinformation eines bestimmten Arzneimittels zu betrachten, da diverse Fachinformationen trotz gleichen Wirkstoffs unterschiedliche Hinweise beinhalten können. Quellen hierfür sind neben der ABDA-Datenbank und den jeweiligen Fachinformationen (zum Teil kostenpflichtig, zum Teil englischsprachig): www.aid-klinik.de, www.mediq.ch, www.drugs.com, www.mmi.de, www.epocrates.com, www.pharmavista.net, www.lexi.com, Drugdex® und andere.

Diese Recherche führt letztlich über die Prüfung der vorhandenen Medikation zu einer möglichst sicheren Empfehlung und verhindert, dass möglicherweise bekannte unerwünschte Arzneimittelwirkungen nicht beachtet werden.

Wohlbefinden: Wie können Sie das Wohlbefinden dieser Menschen durch ein passendes Angebot ergänzen? Bitte alles schriftlich notieren.

Weitere Maßnahmen: Welche weiterführenden Maßnahmen sind zu ergreifen? Wer kann wann etwas erledigen?

4.2.1 Arzneimittel empfehlen – Kriterien für die Auswahl

Das Apothekenteam sollte gemeinsam Arzneimittel auswählen, die aktiv empfohlen werden können.

Wissenschaftliches Kriterium für die Auswahl ist die Eignung des Arzneimittels in der jeweiligen Indikation für die ausgewählte Zielgruppe laut Leitlinie oder, alternativ, laut Studienlage. Hierbei bilden systematische Reviews und Metaanalysen eine solide Entscheidungsgrundlage, gefolgt von randomisierten kontrollierten klinischen Studien.

In Leitlinien werden evidenzbasierte Aussagen gemacht, um die Therapieentscheidungen der beteiligten Fachgruppen zu unterstützen. Sie geben den Stand des Wissens wieder und ersparen jedem einzelnen Arzt oder Apotheker die langwierige Literaturrecherche und die sachlich mitunter schwierige Bewertung der Literaturfunde. Dennoch sind Leitlinien nicht in jeder einzelnen Praxissituation anwendbar, nicht zuletzt deshalb, weil sie nicht jede Praxissituation vorhersehen können.

Sollte für die zu betrachtende Indikation keine Leitlinie existieren, kann die Qualität der vorhandenen klinischen Studien **evidenzbasiert** bewertet werden. Die Leitlinien der medizinischen Fachgesellschaften sind im Internet frei zugänglich unter http://www.awmf.org/leitlinien.html zu finden.

Auch wenn keine Leitlinien vorliegen, entbindet das den Apotheker nicht von seiner Pflicht, die vorhandene wissenschaftliche Datenbasis auf Evidenz zu prüfen und auf dieser Grundlage ein Arzneimittel in der Selbstmedikation zu empfehlen oder nicht. Als Erleichterung für jeden pharmazeutischen Apothekenmitarbeiter sollte die Apothekenleitung verbindliche, wissenschaftsbasierte Kriterien für die Auswahl aufstellen.

Die Zulassung als Arzneimittel soll Wirksamkeit, Verträglichkeit und Sicherheit des Arzneimittels zusichern und dieses von anderen Produkten unterscheiden. Im Bereich der Selbstmedikation ist zu prüfen, ob es sich möglicherweise um ein traditionell zugelassenes Arzneimittel handelt. Für diese Arzneimittel muss kein Wirksamkeitsnachweis durch den Hersteller erbracht werden.

Die Erfahrungen des Apothekenteams und des Apothekenkunden mit dem betreffenden Arzneimittel sind wichtig und ergänzen die wissenschaftliche Entscheidung. Stehen mehrere Arzneimittel zur Verfügung mit vergleichbarer Wirksamkeit, Verträglichkeit und Sicherheit, so sollte demjenigen der

Vorzug gegeben werden, mit dem Kunde und Apotheke die besten Erfahrungen gemacht haben. Auch die Vorliebe für allopathische, pflanzliche oder homöopathische Arzneimittel fällt in diesen Bereich.

Als nächstes sollten **die Einkaufskonditionen** zugrunde gelegt werden: Diese finanzieren letztlich die pharmazeutische Beratung bei Selbstmedikationsarzneimitteln.

Im Team werden nun die festgelegten Topempfehlungen besprochen. Es ist wichtig, dass die allerbesten Arzneimittel für die jeweilige Zielgruppe ausgewählt werden und dass nicht nur »per Zufall« »irgend etwas« empfohlen wird. Idealerweise wird die Auswahl in eine Tabelle eingetragen und für das Team visualisiert. Zu jedem Arzneimittel wird die strukturierte pharmazeutische Beratung (s. Kapitel 4.3) ausgearbeitet, so dass Wechselwirkungen und Kontraindikationen, die beim jeweiligen Kunden bestehen, Beachtung finden können.

Nachdem Sie die Inhalte vorbereitet haben, müssen diese allen Mitarbeitern vermittelt werden. Sicher haben einige Teammitglieder mitgeholfen, in der Regel aber beteiligen sich nicht alle an der inhaltlichen Ausarbeitung. Laden Sie daher alle Ihre pharmazeutischen Apothekenmitarbeiter, sowohl Apotheker als auch PTA, sowohl Teilzeit- als Ganztagskräfte, zu einem ersten halben Tag Gedankenarbeit ein. Wenn Sie Filialapotheken haben, laden Sie alle zusammen ein und erarbeiten Sie gemeinsam, welche Methoden im

Indi-kation	Ziel-gruppe	Handelsname®		Ergänzend zu folgenden Verordnungen	Evi-denz-grad	Hin-weis
		allopathisch				
		pflanzlich				
		homöopathisch				
		allopathisch				
		pflanzlich				
		homöopathisch				
		allopathisch				
		pflanzlich				
		homöopathisch				

Abbildung 5: Beispiel für eine Empfehlungsliste in Tabellenform

Rahmen der Beratungskompetenz von einem pharmazeutischen Mitarbeiter in Ihren Apotheken erwartet wird. Nutzen Sie auch den Blickwinkel Ihres kaufmännischen Personals: Dieses ist häufig kundennäher.

Ein Leitfaden für die Durchführung eines Workshops zum Thema »Beratungsgespräch« ist in Kapitel 6.1 für Sie vorbereitet.

Merke: Der Kunde entscheidet, ob ihn Ihre Leistung überzeugt. Aus diesem Grund sollte grundsätzlich aus der Kundenperspektive gedacht werden.

In Anschluss an diese Vorbereitung erlassen Sie eine im Team erarbeitete Arbeitsanweisung, die dafür sorgt, dass jeder Mitarbeiter im Besitz der vollen Information ist – auch die Teilzeitkräfte, die in der Apotheke einen beträchtlichen Anteil des Personals ausmachen. Bewährt haben sich hierzu ein Aushang sowie ein zusätzliches Einpflegen der Beratungsinhalte in die verwendete Software.

Ihre Software ermöglicht es Ihnen, Kundengespräche in der Apotheke wirklich vorzubereiten. Sie können genau feststellen, welche Kundengruppen Ihren Empfehlungen, Aktionen usw. gefolgt sind, und Maßnahmen festlegen, wie sie diese noch mehr als bisher in Ihre Überlegungen mit einbinden können.

TIPPs FÜR DEN ALLTAG:

Warten Sie nicht, bis Ihre Kunden in die Apotheke kommen, um zu überlegen, was diese brauchen könnten. Machen Sie sich alle diese Gedanken bereits im Vorfeld und bereiten Sie diese inhaltlich vor. So vorbereitet können Sie, wenn der Kunde da ist, agieren, statt zu reagieren. Darüber hinaus können Sie auch im Team »aus einem Mund« sprechen.

Beschäftigen Sie sich nicht nur mit den kleinen, sondern auch mit institutionellen Kunden: Welche Firmen möchten Sie mit den Diensten Ihrer Apotheke gesünder machen? Wie können Sie mit anderen Apotheken und weiteren Geschäften vor Ort kooperieren? Welche Selbsthilfegruppen können Sie mit Ihrem Wissen und Ihrem Einsatz unterstützen? Wie können Sie die Bewohner der durch Sie betreuten Altenheime noch besser beraten? Welchen Kontakt können Sie mit Krankenhausapotheken der umliegenden Krankenhäuser pflegen? Wie können Sie für Ihre Ärzte ein guter pharmazeutischer Berater werden? Was können Sie alle voneinander lernen?

4.3 Das pharmazeutische Gespräch führen

Die knappe Zeit, die uns in der Apotheke für die Beratung zur Verfügung steht, verlangt nach einer effizienten Beratungsmethode. Um die Arzneimitteltherapiesicherheit in der Selbstmedikation zu erhöhen, eignet sich die »**strukturierte pharmazeutische Beratung**«. Zur Ausarbeitung benötigen Sie zunächst nur den Beipackzettel und/oder die Fachinformation des betreffenden Arzneimittels. Für eine erweiterte Bearbeitung empfiehlt sich die Recherche in den Datenbanken (siehe oben), da die Fachinformation nicht alle bisher bekannten Inhalte zum entsprechenden Arzneimittel enthält.

Die strukturierte pharmazeutische Beratung entspricht den Leitlinien der Bundesapothekerkammer, indem sie sie zusammenfasst zu einem kurzen und prägnanten Werkzeug, mit dem pharmazeutische Gespräche vorbereitet und geübt werden können. Dabei werden Wechselwirkungen, Kontraindikationen und die wichtigsten Informationen zum Arzneimittel berücksichtigt.

Selbstverständlich sollten Sie sich zunächst davon überzeugen, ob das Arzneimittel tatsächlich für denjenigen bestimmt ist, der vor Ihnen steht und ob die beschriebenen Symptome zur gestellten Selbstdiagnose passen, bzw. sich im Rahmen von Selbstmedikation bewegen. Führen Sie das Beratungsgespräch ansonsten telefonisch mit demjenigen, für den das Arzneimittel vorgesehen ist. In beiden Fällen ist das Gespräch für den Kunden leichter verständlich, wenn Sie ihm zunächst sagen, was auf ihn zukommt und warum Sie das gern besprechen möchten. Anschließend erst werden Motivation und die tatsächlichen Inhalte übermittelt. Und zum Schluss sollten Sie sich vergewissern, dass tatsächlich auch alles verstanden wurde. Es ist relativ unhöflich, zu fragen: »Haben Sie das verstanden?«, deutet das doch unter Umständen darauf hin, dass Sie dem Kunden nicht zutrauen, mit etwas Intelligenz aufzuwarten. Aber auch für Sie ist diese Fragestellung nicht zufriedenstellend. Denn wenn der Kunde die Frage mit »Ja« beantwortet, wissen Sie trotzdem nicht, ob er das so verstanden hat, wie Sie es meinten.

Das Beratungsgespräch gliedert sich in drei Teile:

Teil 1: Sagen Sie Ihrem Kunden, wie das Gespräch ablaufen wird.

»Ich werde Ihnen jetzt ein paar Fragen stellen, um zu prüfen, welches Arzneimittel für Sie am besten geeignet ist. Anschließend werde ich Ihnen die Einnahme des Arzneimittels genau erläutern. Zum Schluss werde ich Sie bitten, mir die Einnahmehinweise noch einmal zu wiederholen, damit Sie prüfen können, ob Sie noch Fragen haben. Sind Sie mit dieser Vorgehensweise einverstanden?«

Gerade die letzte Frage, bei der Sie sich das Einverständnis des Kunden einholen, ist sehr wichtig. Denn nun handeln Sie auch in seinem Sinne, und Sie können sich immer wieder darauf zurückberufen. Natürlich werden Ihre Stammkunden nach einiger Zeit die Prozedur kennen. Sagen Sie dann vielleicht einfach:

»Mit der Vorgehensweise sind Sie vertraut, da Sie ja häufig bei uns sind. Sollen wir gleich starten?«

Teil 2: Jetzt kommen die eigentlichen Beratungsinhalte.

Interaktionscheck: Mit der Frage »Welche weiteren Arzneimittel nehmen Sie ein?« bringen Sie in Erfahrung, ob das aktuell benötigte Arzneimittel sich mit den bereits eingenommenen Medikamenten verträgt und ob Dosisveränderungen vorgenommen werden sollten. Selbstverständlich dürfen Dosisanpassungen verschreibungspflichtiger Arzneimittel nur durch den verordnenden Arzt angeordnet werden. Diesen können Sie aber auf die Notwendigkeit aufmerksam machen. Es ist tatsächlich wichtig, zu fragen, WELCHE Arzneimittel eingenommen werden, und nicht, OB welche eingenommen werden. Vielen Menschen ist nicht klar, dass auch Arzneimittel, die sie nicht in der Apotheke einkaufen, Wechselwirkungen verursachen können. Wiederum andere trauen sich vielleicht nicht, ohne weitere Nachfrage zuzugeben, dass sie auch in anderen Apotheken einkaufen.

Kontraindikationscheck: Die zweite Frage lautet *»Welche gesundheitlichen Besonderheiten soll ich beachten, um Sie möglichst gut zu beraten?«* und fasst alle Fragen, die Sie eventuell stellen müssten, zusammen. Hierbei geht es darum, mögliche Kontraindikationen herauszufinden, die zum Beispiel in einer Schwangerschaft oder einer anstehenden Operation zum Ausdruck kommen könnten. Manchmal verstehen die Kunden nicht genau, worauf Sie mit dieser Frage abzielen. Erläutern Sie die Frage daher auf Rückfragen hin erneut, indem Sie klarstellen, dass Sie solche Dinge wie Schwangerschaft, Allergien, chronische Erkrankungen oder sonstige, für die Wirksamkeit und die Eignung des Arzneimittels wichtige, und gleichzeitig für genau diesen Kunden geltende Punkte wissen möchten. **Wichtiger Hinweis:** Diese Fragen sind im Sinne der Arzneimitteltherapiesicherheit bei jeder Beratung zu wiederholen. Die Fragen sind zwar immer gleich, aber manchmal verändern sich die Antworten!

Nachdem die grundsätzliche Eignung des Medikaments für diesen Kunden festgestellt wurde, folgt nun die kundenorientierte Nutzenargumentation. Bei dieser beachten Sie die Motive des Kunden und erläutern ihm, was er »davon hat«, das Arzneimittel einzunehmen, über die eigentliche Arzneimittelwirkung hinaus. Als kommunikative Erleichterung hat es sich bewährt, eine Produkteigenschaft und eine motivationsorientierte Aussage mit der Brücke »Das bedeutet für Sie« zu verbinden.

Beispiele:

▶ Dieses Arzneimittel senkt zuverlässig Ihren erhöhten Blutdruck (Produkteigenschaft), das bedeutet für Sie (Brücke), dass Sie durch die regelmäßige Einnahme Ihren Blutdruck vollkommen in der Hand haben (Motiv: Macht).

▶ Dieses Sonnenschutzmittel wirkt sehr gut gegen UVA- und UVB-Strahlung (Produkteigenschaft). Das bedeutet für Sie (Brücke), dass Ihre Haut ihre Anziehungskraft beibehält (Motiv: Romantik).

▶ Dieses Erkältungsarzneimittel ist optimal zusammengesetzt (Produkteigenschaft). Das bedeutet für Sie (Brücke), dass Sie es sich ersparen können, andere auszuprobieren (Motiv: Sparen).

Anschließend, nach der motivorientierten Nutzenargumentation, werden die drei wichtigsten Informationen zum Arzneimittel genannt, das „Beratungstrio":

1. Dosierung: Wie, wann, womit wird das Arzneimittel eingenommen, was ist die Tageshöchstdosis?

2. Dauer: Wie lange soll es eingenommen werden?

3. Dritte Arzneimittelinformation: Welche weitere, dritte Information ist die wichtigste, die verbleibt?

Manchmal reichen diese drei Punkte nicht aus, um eine umfassende Handlungsanweisung zu geben. In diesem Fall ist es notwendig, die Informationen schriftlich mitzugeben, gegebenenfalls durch farbliche Hervorhebung im Beipackzettel.

Im Anschluss an die strukturierte pharmazeutische Beratung folgen der Hinweis auf den Beipackzettel sowie zusätzliche medikamentöse und nicht-medikamentöse Empfehlungen. Arbeiten Sie diese auch vorher aus! Denn im Apothekenalltag ist es häufig zeitlich nicht möglich, eine spontane Auswahl zu treffen, die wirklich evidenzbasiert ist. So gut vorbereitet können pharmazeutische Gespräche fundiert durchgeführt werden.

Teil 3: Lassen Sie den Kunden das Gesagte wiederholen, so können Sie sich überzeugen, dass er Ihre Beratungsinhalte wirklich mitnimmt. Ein Formulierungsvorschlag ist beispielsweise: »Nun haben wir alles gesagt zu dem Arzneimittel. Welche wichtigsten Punkte nehmen Sie nun für die Anwendung zu Hause mit?«

Verabreden Sie sich unbedingt wieder mit Ihrem Kunden, um den Therapieerfolg zu überprüfen oder sagen Sie ihm, wann er zum Arzt gehen soll, falls sich keine Besserung einstellt. Als geeignet für die öffentliche Apotheke erscheint uns die Übergabe einer Visitenkarte mit dem Namen und den Anwesenheitszeiten des Beraters, auf der rückseitig der vereinbarte Termin notiert werden kann. Apothekenintern werden die Termine am einfachsten in Ihrer gewählten Kalendersoftware erfasst. Termine sollten grundsätzlich für alle Mitarbeiter zugänglich sein, damit reagiert werden kann, wenn ein Mitarbeiter erkrankt. Ebenfalls sollten der Name und die Telefonnummer des Kunden erfasst werden.

TIPP FÜR DEN ALLTAG:

Verpflichten Sie jeden pharmazeutischen Mitarbeiter dazu, die strukturierte pharmazeutische Beratung zu einem Arzneimittel pro Woche oder pro Monat auszuarbeiten. Besprechen Sie diese Ausarbeitungen im Team und nehmen Sie sie aktiv »in Betrieb«! In Kapitel 6.1 finden Sie einen Trainerleitfaden zur Durchführung eines Workshops zur Verbesserung des Beratungsgespräches.

Vereinbaren Sie aktiv Beratungstermine mit Ihren Kunden, insbesondere nach einem Kauf in der Selbstmedikation.

Kunden mit chronischen Erkrankungen nehmen meist mehrere Arzneimittel ein. Ihre Beratung wird umfangreicher und möglicherweise kann sich Ihr Kunde nicht mehr alles Gesagte merken. Auch wenn der Wirkstoff gleich bleibt, sich aber aufgrund der Rabattverträge das Arzneimittel und damit das Aussehen der Tabletten und der Packung ändert, verunsichert das unter Umständen den Patienten. Dann reicht eine mündliche Kommunikation alleine in der Regel nicht mehr aus. Das Gleiche gilt für Patienten, die aus dem Krankenhaus entlassen werden. Auch diese sehen sich erstmalig mit einer Vielzahl von Arzneimitteln konfrontiert, die sie nun eigenverantwortlich einnehmen sollen.

Unterstützen Sie diese Patienten, indem Sie Ihnen einen Medikationsplan aufstellen. So haben Sie die Chance, sich pharmazeutisch für Ihren Kunden einzusetzen, und für Ihren Kunden verbessert sich die Chance, die verordneten Arzneimittel korrekt einzunehmen. Sie wirken damit der so genannten »Effektivitätslücke« entgegen. Damit Arzneimittel eine optimale Wirkung entfalten können, müssen Arzneimittel in der richtigen Art und Menge verordnet, aber auch vom Patienten richtig eingenommen werden. Die Effektivitätslücke beschreibt den Wirksamkeitsverlust, der aufgrund von Unterlassungsfehlern seitens des Patienten festzustellen ist. Diese Effektivitätslücke wird als Hauptgrund dafür angesehen, dass sich die Wirksamkeit von Arzneimitteln in der Praxis von der in klinischen Studien unterscheidet.

Der Medikationsplan ist zudem ein Kommunikationsmittel im Gespräch zwischen Apotheker und Patient (Abbildung 6). Er dient auch als Besprechungsgrundlage für das Gespräch zwischen Arzt und Patient. Im Idealfall trägt das dazu bei, die Pharmakotherapie zu optimieren. Als Grundlage für die Erstellung der Medikationspläne können die Leitfäden zur strukturierten Beratung der jeweiligen Arzneimittel dienen.

Name: _____		Datum: _____		Erstellt von: _____			
(Adressfeld)							
							Apothekenstempel
Abbildung des AM	Name	Indikation	Dosierung	Dauer	Dritte Info	Verordner	Hinweis

Abbildung 6: Strukturvorschlag Medikationsplan

4.4 Compliance-Killer minimieren

Insbesondere bei der Beratung von chronisch Kranken kann es zu Akzeptanzproblemen kommen, in Folge derer die Compliance abnimmt. Das ist insbesondere der Fall, wenn der Kunde sich einerseits subjektiv gesund fühlt und andererseits das Einnehmen der verordneten Medikamente zu einer subjektiven Verschlechterung führt, wie zum Beispiel beim erhöhten Blutdruck oder Blutzucker. Denn über eine tatsächliche Wahrnehmung der inneren Organe verfügen wir nicht. Ein ungünstiger Lebenswandel und die Furcht vor Arzneimittelneben- und Wechselwirkungen verschlechtern die Compliance zusätzlich. Aber auch die Art und Weise, wie ein Mensch seine Krankheit verarbeitet, hat maßgeblichen Einfluss auf die Compliance (Abbildung 7).

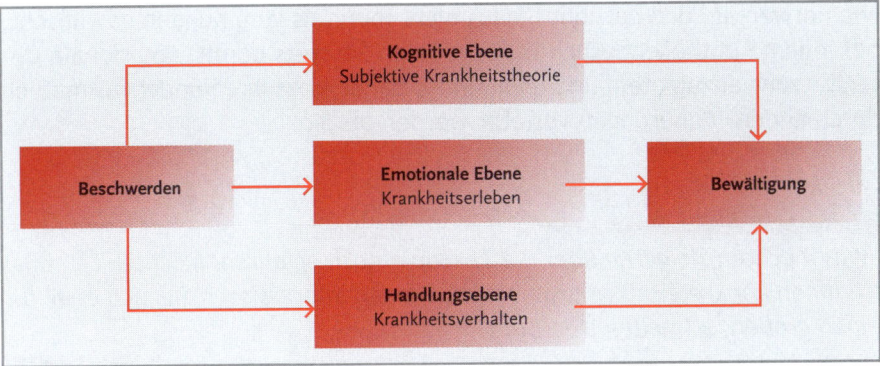

Abbildung 7: Ebenen der Krankheitsverarbeitung (modifiziert nach FALLER und LANG)

Vorhandene Beschwerden führen dazu, dass wir uns mit einer Krankheit kognitiv auseinandersetzen, dass wir sie überhaupt erst wahrnehmen. Diese Wahrnehmung ist subjektiv und basiert auf bisher gemachten Erfahrungen und persönlichen Glaubenssätzen. Sie ist die Grundlage für die Gefühle, die wir im Zusammenhang mit der Erkrankung erleben, sowie für das, was wir tatsächlich tun, für unser Krankheitsverhalten. Als Apothekenmitarbeiter nehmen wir lediglich das Verhalten wahr. Sowohl die subjektive Krankheitstheorie als auch die individuellen Gefühle, die zu diesem Verhalten führen, sind uns nicht bekannt und müssen, sofern wir auf die Compliance Einfluss nehmen wollen, hinterfragt werden.

Dieses Hinterfragen führt dazu, dass wir besser verstehen, von welchem Standpunkt aus der Kunde auf seine Krankheit und seine Therapie schaut. Es hilft uns, unseren Kunden besser zu verstehen. Keinesfalls sollten wir deshalb davon ausgehen, dass wir ihn mit der vollen Information, die uns zur Verfügung steht, belasten dürfen. Vielmehr sollten wir lernen, zwischen Kunden, die der Sache auf den Grund gehen wollen und möglichst viele Informationen benötigen, und denen, die sich durch die Konfrontation mit der Krankheit gestresst fühlen und deren Bewältigungsstrategie damit gefährdet wird, zu unterscheiden. In simplen Worten ausgedrückt: Es ist nicht jedem damit geholfen, zu erfahren, dass Sie noch keinen einzigen Menschen in Ihrer langjährigen Arbeitstätigkeit getroffen haben, der mit der Diagnose der vor Ihnen stehenden Person länger als zwei Monate gelebt hat.

Auch wenn die meisten Menschen den Wunsch äußern, die Behandlung mitzuentscheiden, so sind doch nur wenige in der Lage, dies tatsächlich auch zu tun. Je älter und schlechter ausgebildet die Kranken sind, umso weniger wollen sie mitentscheiden. Auch verhalten sich unsere Kunden widersprüchlich: Es kann durchaus sein, dass sie von einem Besuch zum nächsten ihre Meinung geändert haben. Sorgen Sie also dafür, dass so viele Informationen wie notwendig, und darüber hinaus nicht mehr als vom Kunden gewünscht, bei jedem Apothekenbesuch fließen. Seien Sie stets bereit, emotionale Unterstützung anzubieten, und rechnen Sie damit, dass Ihre Kunden vermutlich durch andere Äußerungen verletzt werden als Sie.

GEEIGNETE FRAGEN:

»Was möchten Sie gerne über die Therapie noch erfahren? Möchten Sie, dass ich Ihnen konkrete Informationen gebe, oder interessieren Sie sich eher für einen groben, schnellen Überblick?«

4.4.1 Verhaltensausprägung: Non-Compliance

Die unterschiedlichen Formen der Non-Compliance sind wenig spektakulär. Jedoch ist es nicht selbstverständlich, dass der Kunde das verordnete Arzneimittel tatsächlich einnimmt, ohne irgendeinen dieser Fehler zu begehen, wenn wir nicht **regelmäßig** mit ihm darüber reden (Tabelle 4).

Form der Non-Compliance	Handlungsmöglichkeiten des Apothekers
Zu geringe oder zu hohe Dosis	Dosierung bei jedem Apothekenbesuch besprechen
Absetzen nach Wirkeintritt	Bereits bei der Arzneimittelabgabe beschreiben, wie sich der Wirkeintritt anfühlen wird; die Notwendigkeit der weiteren Arzneimittelgabe thematisieren.
Dauermedikation nur bei Bedarf, periodenweise absetzen	Dauer der Arzneimittelgabe bei jedem Apothekenbesuch thematisieren. Mit kurzen Sätzen erläutern, warum die Dauergabe notwendig ist. Keine Schuldzuweisungen machen!
Arzneimittel werden nur vor dem Arztbesuch eingenommen	Bei Verdacht Möglichkeit ansprechen: »Manche Kunden nehmen die Arzneimittel nur, bevor sie zum Arzt gehen – damit schaden sie ihrer Gesundheit ... Seien Sie schlauer und nehmen Sie das Arzneimittel regelmäßig ein!«

Tabelle 4: Form der Non-Compliance und Handlungsmöglichkeiten des Apothekers

Zahlreiche Faktoren sind dazu geeignet, die Compliance zu stören. Zunächst einmal sind sie in der Art der Erkrankung zu suchen: Bei chronischen Erkrankungen, deren Symptome nicht immer akut auftreten, ist der Kunde zum Teil geneigt, seine Therapie einfach zu »vergessen«. So sind nur etwa die Hälfte der Bluthochdruckpatienten compliant, während die Compliance-Rate bei Asthmatikern bis zu 80 Prozent beträgt. Je weniger Ihr Kunde die Notwendigkeit der Medikamenteneinnahme körperlich spürt, umso schlechter wird die Compliance sein und umso mehr wird die wiederholte Ansprache in der Apotheke hilfreich sein.

GEEIGNETE FRAGEN:

»Wie oft sollen Sie Ihre Arzneimittel einnehmen? Was würden Sie einschätzen: Wie oft gelingt es Ihnen, die Arzneimittel so einzunehmen, wie verordnet? Was könnten Sie tun, um zuverlässig daran zu denken? Wie haben sich Ihre Symptome verändert, seitdem Sie dieses Arzneimittel verwenden?«

Je komplizierter, länger oder aufwändiger die Behandlung ist, umso mehr leidet die Compliance. Auch lange Wartezeiten und anschließender Zeitdruck im Arzt-Patienten-Gespräch sind wenig förderlich. Hier kann die Apotheke durch das Angebot von Gesprächskreisen helfen, aber auch durch das Erarbeiten von einfach zu handhabenden Medikationsplänen.

GEEIGNETE FRAGEN:

»Wie gut können Sie Ihre Arzneimittel unterscheiden? Welche Fragen sind bezüglich Ihrer Arzneimitteltherapie noch offen geblieben? Was könnten wir tun, um Ihnen noch besser zu helfen, Ihre Arzneimitteltherapie dauerhaft durchzuführen?«

Das Halbwissen Ihrer Kunden sowie die allgegenwärtige Bereitschaft eines Jeden, sich bei Gesundheitsfragen zum absoluten Experten aufzustellen, führen manchmal zu völlig irrationalen Behandlungsängsten. Viele Kunden trauen sich nicht, diese Ängste anzusprechen, oder sprechen sie nur verdeckt an, zum Beispiel durch eine abwehrende Geste oder ein Kopfschütteln. Hier gilt es, vorsichtig herauszufinden, in welche Richtung die Gedanken gehen. Insbesondere wenn die Behandlung der Krankheit Ihres Kunden auch für den Alltag seiner Familienangehörigen eine Rolle spielt, kann es notwendig werden, auch mit diesen zu sprechen.

GEEIGNETE FRAGEN:

»Wie vertragen Sie Ihre Arzneimittel? Wie fühlen Sie sich? Welche Gedanken machen Sie sich manchmal in Bezug auf die Therapie? Möchten Sie oder jemand aus Ihrer Familie noch einige Tipps zur Umsetzung von uns bekommen?«

4.4.2 Handlungsunfähig durch Konflikte: die Konflikttypen

In der Handlungstheorie unterscheidet man unterschiedliche Konflikttypen, die dazu führen, dass Menschen es nicht schaffen, das gewünschte Verhalten an den Tag zu legen. Diese Konflikte werden teilweise automatisch im limbischen System ausgetragen, nämlich immer dann, wenn es sich um kurzfristige Bedürfnisbefriedigung handelt, die mit starken Gefühlen assoziiert ist, oder aber kognitiv kontrolliert, wenn es sich um langfristige Ziele handelt. In diesem Fall ist ein anderes Gehirnteil beteiligt, nämlich der dorsolaterale, präfrontale Cortex. Gemeinsam können präfrontaler Cortex und limbisches System zum Beispiel Fragen folgender Art stellen: »Soll ich jetzt noch ein leckeres Eis mit Sahne essen oder soll ich darauf verzichten, damit ich noch in zehn Jahren schlank bin?«. Drei verschiedene Konflikttypen können auftreten:

▶ Appetenz-Appetenz-Konflikt: Zwei gleichwertig attraktive, aber miteinander unvereinbare Ziele werden angestrebt, zum Beispiel: »Ich will den ganzen Kuchen essen und schlank bleiben.«

▶ Aversions-Aversions-Konflikt: Beide zur Verfügung stehende Ziele sind unattraktiv, zum Beispiel wenn sich Vegetarier alternativlos zwischen Schweinefleisch und Rindfleisch entscheiden sollen.

▶ Appetenz-Aversions-Konflikt: Bewusst will der Patient seine Gesundheit wiedererlangen, unbewusst will er weiterhin krankgeschrieben werden.

Die Folge dieser Konflikte ist Handlungsunfähigkeit. Ihre Aufgabe im Beratungsgespräch ist, den zugrundeliegenden Konflikttyp aufzudecken und gemeinsam mit dem Kunden die vorhandenen Alternativen sowie deren mittelbare und unmittelbare Folgen zu besprechen.

Hierzu braucht man Zeit. Es ist sehr wahrscheinlich, dass Sie sich hierzu separat verabreden müssen und dieses Gespräch nicht am HV-Tisch durchführen können. Ebenfalls ist es wahrscheinlich, dass Ihrem Kunden nicht nur ein einziges Gespräch zum »Umlernen« ausreichen wird. In diesem Zusammenhang ist es umso wichtiger, eine explizite Strategie zu haben, was die Finanzierung dieser Beratungstätigkeit angeht.

4.4.3 Lerntheorien

»Was Hänschen nicht lernt, lernt Hans nimmer mehr« – diese Volksweisheit zeigt auf, wie schwierig es ist, einmal gefestigtes Verhalten, das in der Regel durch Modell-Lernen entstanden ist (»Ich mach es so wie Mutti«), zu ändern. Doch genau das verlangen wir häufig von unseren Kunden: Dass sie es nicht mehr so machen wie bisher, sondern anders: Nämlich so, wie wir es von ihnen verlangen.

DAS MODELL-LERNEN IN DER APOTHEKENPRAXIS:

Zwar werden Ihnen erwachsene Menschen, die Ihre Kunden in der Regel sind, nicht sofort alles Positive nachmachen. Das bedeutet, es wird schwierig sein, sie mit Ihrem Verhalten positiv zu motivieren. Umso interessierter werden sie Sie betrachten, wenn Sie etwas verlangen, das Sie selbst nicht erfüllen. Zu verlangen, dass ein anderer etwas tut, was Sie nicht tun, wirkt unglaubwürdig und demotivierend. Jemand, der übergewichtig ist, kann nicht von einem anderen ernsthaft verlangen, dieser möge abnehmen. Ein notorischer Trinker kann nicht dem anderen das Trinken verbieten. Und wenn man gerade noch vor dem Lieferanteneingang eine Zigarette geraucht hat, kann man niemandem ein Nikotinpflaster anbieten.

Deshalb ist es ein guter Tipp, das auch vorzuleben, was Sie von anderen verlangen ... Jeder Mitarbeiter wird zu 100 Prozent als »die Apotheke« angesehen.

Unterschiedliche Lerntheorien versuchen zu erläutern, welche Vorgänge uns zum Umdenken bewegen. Dabei handelt es sich insbesondere um das respondente Modell, das operante Modell und das kognitive Modell.

Das respondente Modell: Das an den Tag gelegte Verhalten ist die Antwort auf einen Reiz. Das Verständnis entspricht hier der klassischen Konditionierung nach Pawlow. Pawlow hat in seinen Versuchen mit Hunden nachgewiesen, dass diese beim Anblick von Futter mit Speichelbildung reagieren. Gleichzeitig mit dem Zeigen des Futters ließ Pawlow eine Glocke läuten. Anschließend gelang es Pawlow, allein durch das Läuten der Glocke die Speichelbildung beim Hund anzuregen. Das Zeigen des Futters war nicht mehr notwendig. Diese Erkenntnisse lassen sich auch auf Menschen übertragen. So ist bekannt, dass an Krebs erkrankte Menschen allein beim Gedanken an Chemotherapie mit Übelkeit reagieren. Auch bei den Phobien wird eine Konditionierung diskutiert: ein Automatismus, der ohne willentlichen Eingriff abläuft.

DAS RESPONDENTE MODELL IN DER APOTHEKENPRAXIS:

Erkundigen Sie sich, ob Ihr Kunde täglich zur gleichen Zeit einen Wecker benutzen muss. Falls ja, ermutigen Sie ihn dazu, die Tabletten (sofern sie sich zur nüchternen Einnahme eignen), daneben zu legen und sofort beim Aufstehen einzunehmen. So kann an die regelmäßige Tabletteneinnahme gedacht werden.

Einem Kunden, der sich das Rauchen abgewöhnen möchte, empfehlen Sie, auf jede Packung Zigaretten einen Aufkleber mit der Abbildung eines Apfels zu kleben. Rauchen ist nicht grundsätzlich verboten, allerdings darf die Zigarette erst geraucht werden, nachdem ein Apfel verzehrt wurde. So kann die Gewohnheit von der Zigarette auf den Apfel übertragen werden.

Das operante Modell: Begründer Skinner geht davon aus, dass die Wahrscheinlichkeit eines Verhaltens steigt, wenn auf das Verhalten entweder eine angenehme Konsequenz folgt oder etwas Unangenehmes beseitigt wird. So kann nach diesem Modell erklärt werden, dass der Schmerzpatient seine Medikamente nimmt, um erneut auftretende Schmerzen zu vermeiden, oder dass der Bluthochdruckpatient seine Blutdrucktabletten weglässt, um sich nicht so abgeschlagen zu fühlen.

DAS OPERANTE MODELL IN DER APOTHEKENPRAXIS:

Leiten Sie Ihre Kunden dazu an, Dinge zu tun, um anschließend festzustellen, wie sich ihr Körpergefühl verbessert hat, und diese Dinge aktiv wahrzunehmen, vielleicht auch in einem so genannten »Wohlfühltagebuch« aufzuschreiben, z. B.: »Ich fühl mich wohl nach dem Sport«, »Ich kann morgens besser durchatmen, wenn ich abends nicht geraucht habe«, »Ich fühle mich fitter und konnte besser schlafen, wenn ich abends nur wenig gegessen und keinen Alkohol getrunken habe«.

Das kognitive Modell: Gedanken bedingen unser Verhalten. Dieses Modell versucht, unser Verhalten mit Hilfe von fünf Fragen zu analysieren. Die Abkürzung SORKC dient als Merkhilfe für die Fragen. Was ist der Stimulus des

Verhaltens, was löst es also aus? Wie ist die Bereitschaft des **O**rganismus, dieses Verhalten anzunehmen? Welche **R**eaktion hat derjenige auf das Symptom? Welche **K**ontingenz ist vorhanden, inwiefern fühlt der Patient sich also verstanden und angenommen und mit welchen **K**onsequenzen muss er kurz- und langfristig rechnen? In Folge dessen wird die Realität in Abhängigkeit bisher gemachter Erfahrungen gefiltert, und das auftretende emotionale Erleben führt zum von Außenstehenden wahrnehmbaren Verhalten. Wichtig zu verstehen ist in diesem Zusammenhang, dass das entstehende Gefühl nicht mit der Wirklichkeit, sondern vielmehr mit einer subjektiven Bewertung der Wirklichkeit verknüpft ist. Ist diese Verknüpfung ungünstig, können starke negative Gefühle entstehen. Die Aufgabe ist hier, diese Gefühle von der Wirklichkeit zu entkoppeln und den Kunden näher an das heranzuführen, was wirklich »ist«. Nur dann resultiert beim Handelnden eine Lernerfahrung für die Zukunft.

DAS KOGNITIVE MODELL IN DER APOTHEKENPRAXIS:

Helfen Sie Ihren Kunden, ihr eigenes Verhalten besser zu verstehen, indem Sie ihnen »aktiv zuhören«. Beim aktiven Zuhören geben wir wieder, was wir verstanden haben, ohne es zu bewerten oder durch unsere Meinung zu ergänzen. Wir können das Gehörte wörtlich wiederholen oder mit unseren eigenen Worten wiedergeben, und wir können geäußerte Gefühlsregungen verbalisieren. Hierbei kommt es darauf an, immer dann, wenn es möglich ist, die Handlungsfähigkeit des Gesprächspartners im Gespräch zu finden und die Selbstwirksamkeit zu fördern. Je mehr derjenige feststellt, dass er Dinge wirklich selber ändern kann, wenn er will, umso motivierender ist es für ihn.

Die genannten Lerntheorien zu verstehen erlaubt uns, mit unseren Kunden zu sprechen und sie zu einem neuen, gesünderen Verhalten anzuleiten. Was wir in diesem Zusammenhang tun, kann als soziale Unterstützung verstanden werden. Diese können wir auf unterschiedliche Weise geben:

▶ Emotional, indem wir Verständnis zeigen, Trost spenden und zum Weitermachen ermutigen.

▶ Instrumentell, indem wir praktische Hilfe im Alltag bieten.

▶ Informationell, indem wir beraten und Anleitungen erläutern.

▶ Wertunterstützend, indem wir denjenigen in seiner Meinung bestärken.

Soziale Unterstützung eignet sich dazu, Stress abzumildern, und wird auch dann gerne angenommen, wenn kein Stress vorhanden ist. Insofern bildet soziale Unterstützung eine gute Basis, um eine günstige (Um-)Lernsituation zu schaffen. Dennoch sind Verhaltensänderungen äußerst schwierig, denn sie sind nicht nur unbequem und fordern immer wieder Kraft und Anstrengung, sondern sie können auch sehr beängstigend sein. Denn sich zu verändern bedeutet auch, das alte Verhalten als »falsch« zu verurteilen, und Entscheidungen, die man bereits früher getroffen hat, zu verwerfen. Hierzu sind nur wenige freiwillig bereit. Aus diesem Grund entwickeln Menschen Abwehrmechanismen gegen Veränderung, die es zu erkennen gilt:

▶ **Verdrängung:** »Lass uns über etwas anderes sprechen«

▶ **Verschiebung:** Mit dem Apotheker, anstatt mit dem verordnenden Arzt diskutieren

▶ **Verleugnung:** »Ich ignoriere meine Krankheit«

▶ **Projektion:** »Schuld ist mein Arzt«

▶ **Spaltung:** »Der Arzt ist sehr gut, die Schwester ist ein Teufel«

▶ **Identifikation:** Um Minderwertigkeit abzuwehren, identifiziert man sich mit einer wichtigen Person – »Mein Arzt hat selber Bluthochdruck«

▶ **Reaktionsbildung:** Übertriebene Friedfertigkeit, um Aggression zu vertuschen

▶ **Rationalisierung:** Pseudoerklärung – »Es ist kein Herzinfarkt, es sind nur starke Armschmerzen«

▶ **Isolierung:** Angstmachende Situation wird vom Gefühl isoliert, man redet über die eigene Krankheit so, als sei sie die eines anderen

▶ **Ungeschehen machen:** »Ich bin ganz der Alte«, z. B. Kraftproben nach einem Herzinfarkt

TIPPS ZUM UMGANG MIT ABWEHRMECHANISMEN:

Verdrängung und Verschiebung: Nachfragen
»Nein, lass uns ruhig mal dabei bleiben. Was hat denn der Arzt genau gesagt?
»Das sollten Sie unbedingt mit Ihrem Arzt besprechen. Wann werden Sie das voraussichtlich tun können?«

Verleugnung, Isolierung: »Storytelling«
»Manche unserer Kunden ignorieren einfach ihre Krankheit, weil die Ausein-andersetzung damit zu schmerzlich ist. Ich finde das nachvollziehbar. Diesen Kunden empfehle ich, einen Familienangehörigen mit einzubeziehen, der die Beratung und die Handlungsanweisungen anstatt dessen erhält.«
»Wenn Diabetiker regelmäßig zum Augenarzt gehen, hilft es ihnen.« (Anstatt zu sagen: »Gehen Sie regelmäßig zum Augenarzt, da Sie Diabetes haben.«)

Projektion, Spaltung, Identifikation: Verhandeln
»Unter welchen Bedingungen wären Sie bereit, das Arzneimittel zu nehmen?«

Reaktionsbildung, Rationalisierung: Sachliche Wiederholung
»Abgesehen von unterschiedlichen Möglichkeiten, die uns hier vom Wesent-lichen ablenken, möchte ich das Wichtigste nochmals kurz sagen: ...«

4.5 Das Gespräch als wirksame Kurzinterventionen planen

Üblicherweise wird es im Apothekenalltag nicht ohne Weiteres möglich sein, motivationsfördernde Gespräche spontan, ohne Termin und ohne Vorbe-reitung zu führen. Vielmehr bedarf es einer sorgfältigen Vorbereitung und einer strukturierten Vorgehensweise. Terminieren Sie daher Ihre Gespräche und beantworten Sie sich bereits im Vorfeld Fragen, die sich ohne die An-wesenheit des Kunden klären lassen. Hierbei sollte Ihre Absicht sein, Ihren Kunden in Bezug auf Ihr pharmazeutisches Wissen und den eingenommenen Arzneimitteln in den Mittelpunkt Ihrer Bemühungen zu stellen.

Kundenidentifizierung: Wie fällt es Ihnen am leichtesten? Für das An-bieten weiterführender Angebote Ihrer Apotheke sollten Sie den ersten Schritt machen. Denn Ihre Kunden wissen nicht, wie sehr Sie sie für eine erfolgreiche Therapie unterstützen könnten, falls sie diese Leistung Ihrer Apotheke noch nicht kennenlernen durften. Legen Sie also zunächst fest, wie Sie die Ansprache gestalten wollen. Sie können sich dafür entscheiden, eine bestimmte Kundengruppe anzusprechen (z. B.: »Alle Frauen im gebär-fähigen Alter«), oder aber in einer bestimmten Indikation (»Alle Kunden mit einer Osteoporose-Medikation«).

Kundenansprache: Was kann standardisiert werden? Um die Arbeitsabläu-fe so effizient wie möglich zu gestalten, und auch, um weniger erfahrenen Kollegen unter die Arme zu greifen, sollten Sie – falls möglich – Arbeitsab-läufe standardisieren. Hierzu können Sie beispielsweise im Team vereinbaren, dass alle Kunden, die eine Erstmedikation in einer bestimmten Indikation erhalten, eine Broschüre mit den Angeboten Ihrer Apotheke erhalten, in der Sie auf die intensivierte Betreuungsmöglichkeit aufmerksam machen. Ebenfalls könnten Sie per Brief oder E-Mail Ihre Stammkunden auf die neue Leistung aufmerksam machen. Idealerweise informieren Sie Ihre Ärzte darüber im Vorfeld und bieten Ihnen an, mit Ihnen zusammenzuarbeiten.

Kundenzentrierte, motivationsfördernde Gesprächsführung. Machen Sie sich klar, bevor Sie das erste Gespräch mit Ihrem Kunden führen, in welcher Situation er sich möglicherweise befindet. Hierzu kann es notwendig sein, die theoretischen Grundlagen der Erkrankung zu wiederholen und sich mit vorhandenen Leitlinien der Fachgesellschaften sowie mit den eingesetzten Arzneimitteln zu beschäftigen.

Legen Sie dann fest, was das Hauptziel der Intervention sein könnte und mit welchen Abwehrmechanismen wahrscheinlich zu rechnen ist, um hierfür bestenfalls schon einen Lösungsvorschlag zu entwickeln.

Systematische Zielabklärung und Zielübereinkunft. Nennen Sie bereits in Ihrer Vorbereitung die Teilziele und beschreiben Sie die Zielvereinbarung, die Sie mit Ihrem Kunden eingehen wollen. Diese wird dann als Vorschlag zu verstehen sein, schließlich soll der Kunde mitentscheiden. Falls Sie möchten, dass der behandelnde Arzt Ihnen automatisch Daten übertragen darf, beziehungsweise dass Sie ebenfalls den Arzt über den Therapieverlauf informieren, ist hierzu eine gesonderte Vereinbarung mit dem Kunden notwendig. Wichtig: Dokumentieren Sie Ihre Gespräche und die Vereinbarungen schriftlich.

Entscheidung über weitere Schritte. In der Regel wird ein einziges Gespräch nicht ausreichend sein, sondern es werden Gespräche in regelmäßigen Zeitabständen stattfinden, abhängig von der Indikation, in der Sie beraten. Erstellen Sie daher einen konkreten, terminierten Ablaufplan, den Sie mit Ihrem Kunden besprechen und der Grundlage Ihrer Treffen werden wird.

Integration in den Apothekenalltag. Beginnen Sie mit einer Indikation, oder einer Kundengruppe. Erweitern Sie nach und nach Ihre Möglichkeiten, indem Sie weitere Indikationen ausarbeiten oder weitere Kundengruppen in Ihren Fokus nehmen.

Im Gespräch mit dem Kunden. Motivationsfördernd ist das Gespräch, wenn Sie sich in Ihren Kunden hineinversetzen können und auch gefühlsmäßig nachvollziehen können, in welcher Situation er sich befindet. Vermeiden Sie es allerdings, sich mit ihm zu identifizieren, da Sie ansonsten sein Problemverhalten übernehmen würden. Aktives Zuhören erhöht die Eigenmotivation des Kunden mehr als ausgesprochene Ratschläge, insofern sollten Sie von einem konfrontativen Beratungsstil absehen und keinen Druck in Richtung der Lösung aufzubauen versuchen. Vielmehr erarbeiten Sie gemeinsam mit Ihrem Kunden, an Ihrem zuvor entwickelten Plan entlang, Ziele und Teilziele gemeinsam. Dabei lenken Sie die Aufmerksamkeit in Richtung Lösung und schüren positive Erwartungen, indem Sie Bejahungen einsetzen und das Wort »noch« immer dann verwenden, wenn es darum geht, klarzumachen, dass Ihr Kunde etwas »noch« nicht kann, aber bald können wird. Ebenfalls benutzen Sie Zeiten (Vergangenheit, Gegenwart, Zukunft) derart, dass Sie die anstehenden Veränderungen würdigen. Die Tatsache, dass in erster Linie Ihr Kunde selbst, nicht aber Sie, aktiv Vorschläge zur Veränderung macht, bewirkt, dass seine Abwehrhaltung niedriger ist: Er kann etwas ablehnen, was Sie ihm vorschlagen. Er kann aber weniger leicht etwas ablehnen, das er selbst vorgeschlagen hat.

Beispiel:

Kunde: »Ich vergesse es andauernd, diese Tabletten zu nehmen. Und das ist irgendwo auch gut so, wissen Sie, denn es wird mir immer schummrig davon!«

Apotheke: »Noch haben Sie es also nicht geschafft, das Arzneimittel so einzunehmen, wie es Ihnen maximal gut tun würde. Aber wenn Sie das tun, spüren Sie bereits, dass das Arzneimittel wirkt, nicht wahr? Das ist gut, und auch ganz normal, dass sich erniedrigter Blutdruck erstmals ein bisschen seltsam anfühlt. Nach kurzer Zeit werden Sie sich daran gewöhnt haben und Ihre Gefäße wirksam schützen können.«

Exkurs: Das Gespräch mit dem Arzt und anderen Fachkreisen

Im Sinne einer ganzheitlichen Betreuung des Kunden ist es sinnvoll, sich mit dem behandelnden Arzt oder anderen Angehörigen der Fachkreise auszutauschen. Hierfür sind zunächst einige grundsätzliche Regelungen zu beachten:

▶ Laut Apothekenbetriebsordnung hat die Apothekenleitung schriftlich festzulegen, wer wen wie zu beraten hat und wann ein Apotheker zu einem Gespräch hinzuzuziehen ist. Gespräche mit Fachkreisen sollten grundsätzlich von einem Apotheker geführt werden.

▶ Laut Datenschutzgesetz dürfen personenbezogene Daten, die in der Apotheke vorliegen, nicht mit Anderen ausgetauscht werden, es sei denn, der Kunde hat sich hierzu schriftlich bereit erklärt. Am leichtesten ist es, eine entsprechende Klausel in die Datenschutzerklärung der Kundenkartei mit aufzunehmen. Sollte das nicht gewünscht sein, dürfen Sie ausschließlich im Beisein des Kunden mit Anderen über ihn reden, idealerweise spricht dabei der Kunde, inhaltlich von Ihnen unterstützt. Das Gespräch mit dem Arzt bildet hier eine Ausnahme, denn auch Sie sind laut Berufsordnung zum Schweigen verpflichtet, genau wie der Arzt. Insofern dürfen Sie sich untereinander über den Kunden austauschen.

Üblicherweise kennt die Arztpraxis die Apotheke nur aufgrund von Reklamationen. Sei es, dass ein Rezept nicht vorhanden ist, falsch ausgestellt oder nicht verstanden wird – die meisten Kontakte zwischen Apotheke und Arztpraxis sind geprägt davon, dass jemand zuvor einen wie auch immer gearteten Fehler gemacht hat. Dies ist nicht günstig für die gegenseitige Wertschätzung. Sorgen Sie auch im Umgang mit den Arztpraxen dafür, dass Ihre Kommunikation optimal verläuft:

▶ Stellen Sie sich als Apotheker persönlich in der Arztpraxis vor und erläutern Sie, dass und wie Sie sich die Zusammenarbeit wünschen.

▶ Vereinbaren Sie regelmäßige Gesprächszyklen, zum Beispiel zweimal im Jahr.

• Nutzen Sie unterschiedliche Kommunikationshilfen: eine Informationsschrift über die Leistungen der Apotheke, vorbereitete Formulare für Anregungen, zum Melden von Wechselwirkungen und Kontraindikationen, informieren Sie rechtzeitig über geplante Präventions- oder Screeningaktionen.

• Kommunizieren Sie am besten anhand des Medikationsplans des entsprechenden Patienten.

• Bereiten Sie Ihr Gespräch professionell vor, belegen Sie Ihre Argumente mit Literaturstellen oder anderen validen Quellen.

TIPPS ZUM UMGANG MIT KOLLEGEN ANDERER DISZIPLINEN:

Terminieren Sie Telefonate, zu denen Sie sich durch einen Mitarbeiter verbinden lassen. Gehen Sie keinesfalls davon aus, dass ein Arzt beispielsweise ohne Weiteres sofort ans Telefon kommen kann – es sei denn, es handelt sich um einen ausgesprochenen Notfall. Viele Arztpraxen sind gut durchorganisiert und haben spezielle Telefonzeiten, die auch Sie nutzen können. Bedanken Sie sich, wenn etwas Kompliziertes gut geklappt hat, und machen

Sie Probleme zu Ihrer gemeinsamen Sache: »Da haben wir es aber nicht so einfach mit diesem Kunden«. Respektieren und nutzen Sie das vorhandene Wissen: »Wie würden Sie denn entscheiden?« und vor allem: Gehen Sie nicht davon aus, dass Sie die Antwort auf Ihre Frage innerhalb von zwei Minuten bekommen, sondern planen Sie eine angemessene Zeit ein.

»Wenn du dich weigerst, die Verantwortung für deine Niederlage zu übernehmen, wirst du auch nicht für deine Siege verantwortlich sein.«

Antoine de Saint-Exupéry

5 Kompetenzmanagement in der öffentlichen Apotheke

Kundengespräche gut zu führen, ist zwar nur eine von vielen Kompetenzen, die Apotheken-mitarbeiter erwerben und zu einem gewissen Grad vorweisen können müssen. Aus unserer Sicht ist es die wichtigste. Dieses Kapitel beschäftigt sich mit der Weiterentwicklung und Implementierung dieser Kompetenz.

»**Kompetenzmanagement**« ist ein integriertes dynamisches System der Personalrekrutierung, des Personaleinsatzes und der Personalentwicklung. Kluges Management bedeutet, die Team- und Führungskompetenzen kontinuierlich an die neuen Aufgaben anzupassen und dabei strategische und organisatorische Veränderungen zu berücksichtigen. Mitarbeiterkompetenzen systematisch zu managen, ist ein bedeutender Erfolgsfaktor für Ihre Apotheke.

Ein wesentliches Instrument beim Kompetenzmangement ist das Kompetenzprofil. Im **Kompetenzprofil** werden Kompetenzen als Verhalten beschrieben, strukturiert und transparent gemacht. Dadurch wird Kompetenz messbar. Für die Praxis heißt das, das theoretisch zu erwartende Verhalten eines Mitarbeiters oder einer Mitarbeitergruppe zu beschreiben. Dann wird dieses theoretisch erwartete Verhalten mit dem tatsächlich erlebten Verhalten des jeweiligen Mitarbeiters verglichen. Die Differenz zeigt den Schulungsbedarf auf. Die individuellen persönlichen Stärken und Ziele der Mitarbeiter können so erkannt und mit den Strategien, Geschäftsmodellen, Zielen und Prozessen der Apotheke abgeglichen werden.

Nach NORTH und REINHARDT sind folgende Erfolgsfaktoren bei der Implementierung eines Kompetenzmanagementsystems zu beachten:

▶ Ihr Kompetenzmanagementsystem muss auf die Belange Ihrer Apotheke zugeschnitten sein. Es muss in die Gesamtstrategie integriert werden und zu Ihrem Arbeitsstil passen. Am besten beginnen Sie mit einem Teilbereich, der wichtig ist und der sich permanent ändert. Das Thema »Beratung« eignet sich hervorragend. Zu diesem Zweck wird ein Soll-Ist-Vergleich durchgeführt: Wo befinden wir uns zurzeit? Wo wollen wir hin?

▶ Die Apothekenleitung muss das Vorhaben unterstützen, die Änderungs-
bereitschaft insbesondere vorleben, die entsprechenden Methoden beherrschen und den Nutzen ständig kommunizieren. Auch Kritikpunkte
sollten offen besprochen werden. Allen Führungskräften sollte bewusst
sein, dass Kooperation und Teilen von Wissen wichtige Erfolgsfaktoren
für die Verbesserung von Kompetenzen sind. Abwehrmechanismen
sollten erkannt und besprochen werden.

▶ Alle Mitarbeiter, auch die Teilzeitkräfte, sollten bei der Gestaltung
mit einbezogen werden. Denn eine Veränderung kann in der Regel
nur dann vollzogen werden, wenn sie von innen kommt – nicht, wenn
sie von außen auferlegt wird. Intrinsische Motivation, also etwas, was
jemand aus sich heraus tut, weil es seiner Wertehaltung entspricht,
ist im Normalfall stärker als etwas von außen Auferlegtes, wie eine
Gehaltserhöhung oder angedrohte Sanktionen.

Die Implementierung des Kompetenzmanagementsystems ist ein Projekt,
das methodisches Wissen verlangt. Wie Sie sich das aneignen können, zeigt
das folgende Kapitel.

5.1 Definitionen im Projektmanagement

Laut DIN-Norm versteht man unter Projektmanagement die »Gesamtheit von
Führungsaufgaben, -organisation, -techniken und –mitteln für die Initiierung,
Definition, Planung, Steuerung und den Abschluss von Projekten«. Dabei
leitet sich »Projekt« aus dem Lateinischen ab und bedeutet »Das nach vorne
Geworfene«, und »Management« steht für »manum agere« = an der Hand
führen. Übersetzt könnte Projektmanagement als folgende Aufforderung be-
griffen werden: »Stellen Sie sich vor, was in der Zukunft alles passieren soll,
und nehmen Sie Ihre Kollegen bei der Hand, damit sie mit Ihnen gemeinsam
diese Zukunft gestalten.« Anders als bei »Prozessen«, die in der täglichen
Arbeit bereits etabliert sind, mehrfach geprüft wurden und routiniert ablaufen, sind Projekte einmalige Ereignisse mit großem Fehlerpotenzial.

Ein Projekt wird durchgeführt, um die Lösung eines vorhandenen Problems
herbeizuführen, in diesem Fall, um ein Kompetenzmanagementsystem ein-
zuführen, das sicherstellen soll, dass Ihre Beratungsgespräche sich pharmazeutisch und kommunikativ verbessern. Dabei wird das Problem in einzelne
Teilphasen zerlegt.

Projekte sind zielgerichtet, zeitlich befristet und auf Ressourcen angewie-
sen: Sowohl zeitlich, finanziell als auch personell muss die Apothekenleitung

sicherstellen, dass die Durchführung des Projektes sichergestellt ist. Insofern sind Projekte konfliktträchtig und konkurrieren bezüglich Ressourcen mit den zu erfüllenden Routineaufgaben in der Apotheke.

Der Projektleiter: Die Apothekenleitung sollte entweder sich oder einen hierfür qualifizierten Mitarbeiter benennen, der als Projektleiter für die Einführung des Kompetenzmanagementsystems eingesetzt wird. Der Projektleiter wird dann besonders erfolgreich sein, wenn es ihm gelingt, die Aufgabenstellung genau abzugrenzen, Ziele und Vorgehensweise mit der Apothekenleitung immer wieder zu klären sowie mit den knappen Ressourcen effizient und zielgerichtet umzugehen. Dabei sollte er selber von dem anstehenden Projekt absolut überzeugt und in der Lage sein, soziale Prozesse zu führen und den Projektablauf zu steuern. Wichtig ist, immer wieder Werbung für das Projekt unter den Kollegen zu machen und sich selber mit weiter oben beschriebenen Abwehrmechanismen und deren Behandlung vertraut zu machen. Insbesondere für die Konzipierung des Projektplans sowie für den Start kann das Hinzuziehen eines externen Coachs hilfreich sein.

Es kann keine Qualität in einem Projekt durch eine Prüfung am Ende des Projektes entstehen. Vielmehr soll das Projekt so geplant werden, dass zwingend eine hochwertige Qualität dabei herauskommen MUSS.

Die unterschiedlichen Rollen innerhalb des Kompetenzmanagement-Projektes können wie folgt beschrieben werden:

Die Apothekenleitung nennt Mission, Vision und Ziel des Projektes: Wie wird sich die Beratung in der Apotheke insgesamt entwickeln? Welche Werte vertritt hier die eigene Apotheke? Welche strategischen Ziele sind daher zu verfolgen, und wie werden diese umgesetzt: Wer tut was, bis wann, für welchen Kunden, und wie wollen wir uns von anderen Apotheken positiv unterscheiden? Darüber hinaus ist die Apothekenleitung dafür verantwortlich, ausreichend zeitliche, finanzielle und personelle Ressourcen zur Verfügung zu stellen, so dass das Projekt eine realistische Erfolgschance hat.

Der Projektleiter ist fachlich qualifiziert, sozial kompetent und besitzt Durchsetzungsvermögen. Er hilft der Apothekenleitung, indem er das Projekt umsetzt. Somit kommuniziert er mit allen Beteiligten, dringt auf die Einhaltung der Termine und hat hervorragende Markt- und Produktkenntnisse.

Alle Mitglieder des pharmazeutischen HV-Teams arbeiten kundenzentriert und können motivationsorientiert beraten. Sie beherrschen die kommunikativen Aspekte der Beratung. Sie beherrschen die pharmazeutischen Inhalte der Arzneimittel und die medizinischen Hintergründe der großen Indikationen. Sie unterstützen die Apothekenziele und halten sich an die Spielregeln.

Externe Coaches denken strategisch und beraten die Apothekenleitung. Ebenfalls dienen sie als Mittler zwischen Apothekenleitung und Projektleiter und geben dem Projektleiter Rückendeckung. Sie besitzen die persönliche Reife und sind bereit, Konflikte auszuhalten und deren Lösung einzuleiten.

Kernaufgabe des Projektleiters ist, sich zu fragen, »Wie kann ich die beste Qualität so schnell wie möglich und so preiswert wie möglich erreichen, so dass möglichst viele Teammitglieder mit dem Projektverlauf möglichst zufrieden sind?«. Das Erkennen der Problematik, dass ein Ding nicht gleichzeitig maximal gut, maximal schnell und maximal billig sein kann, zwingt, Prioritäten zu setzen (Abbildung 8). Das bedeutet, dass Sie in der Praxis nicht versuchen sollten, in allen Punkten eine 100 % ige Erreichung anzustreben, weil damit Ihr Vorhaben unmöglich wird. Ebenfalls bedeutet das, dass nicht alle Teammitglieder auf einem identischen Level zufrieden sein werden. Machen Sie das auch Ihrem Team klar, denn ein Vorwissen bezüglich dieser Umstände ist sehr hilfreich für einen verträglichen Umgang miteinander.

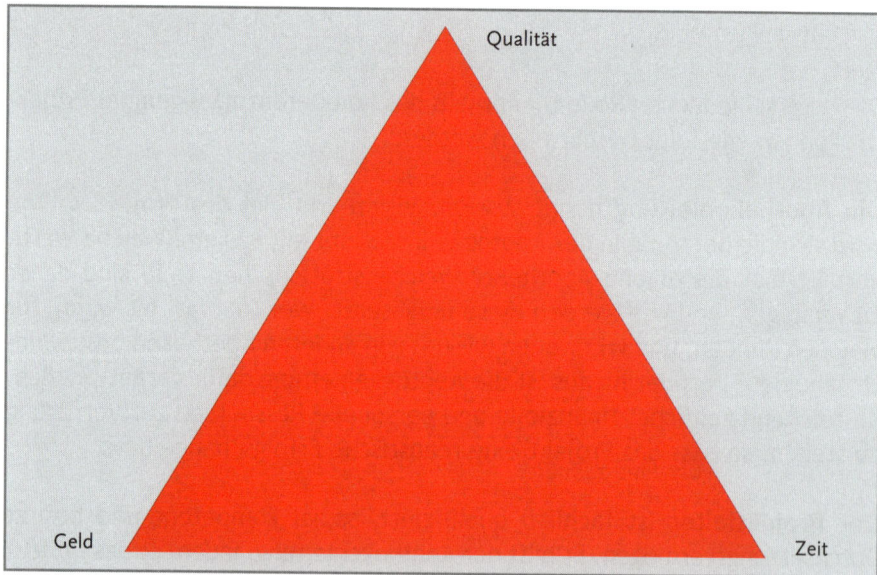

Abbildung 8: Den Kompromiss finden – maximal gut, günstig und schnell

5.2 Projektphasen

Jeder Zielformulierung geht das »Sehen« des zu erreichenden Zustandes voraus. Im Fachjargon wird dieser Umstand auch »Vision« genannt. Wenn also jemand von seiner Vision spricht, meint er in Projektmanagementsprache seinen optimalen Zielzustand und somit die Lösung seines Problems (Abbildung 9). Um dieses Ziel zu erreichen, werden bestimmte Maßnahmen geplant, deren Durchgreifen sowohl während als auch nach der Umsetzung in ihrer Effizienz (»Ist es kostensparend genug?«) und Effektivität (»Ist es wirksam genug?«) überprüft werden: Tun wir die richtigen Dinge, kommen wir mit diesen Maßnahmen unserem Ziel ein Stück näher? Tun wir die Dinge richtig? Man schreitet in Gedanken das Projekt Schritt für Schritt ab, erkennt aufkommende Probleme und merkt, wie die Dinge laufen müssen, damit das Projekt erfolgreich ist.

Die Vorstellung dessen, was im positiven Sinn sein kann, hat eine große motivierende Wirkung. Für die Apothekenleitung bedeutet es mehr als nur über persönliche Visionen nachzudenken. Vielmehr muss die Vision auch marktgerecht und kundenorientiert sein. Diese Vision gilt es zu formulieren, um eine gemeinsame Teamvision zu entwickeln und sie als Leitbild für die tägliche Arbeit immer wieder zu kommunizieren. Hierzu werden so genannte »Kernbotschaften« oder »Strategiesätze« ausformuliert, die sich in den Zielen wiederfinden.

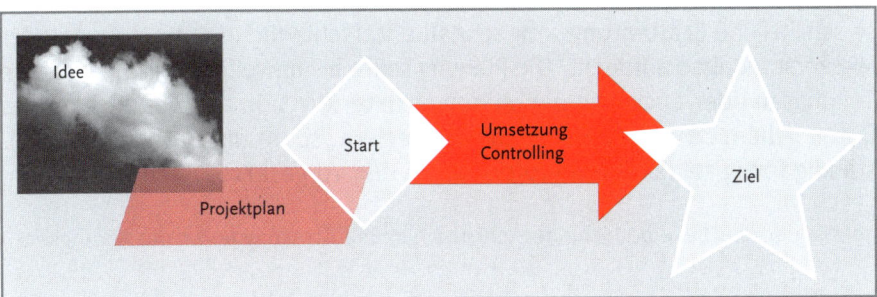

Abbildung 9: Von der Idee zum Ziel

5.2.1 Erste Phase: Planung und verbindliche Zielformulierung

In der ersten Projektphase werden die Eckdaten des Projektes »Einführung eines Kompetenzmanagement-Systems« zusammengefasst und folgende W-Fragen beantwortet:

▶ **Warum** wird das Projekt durchgeführt: Wo wollen wir hin, wer wollen wir sein? Die Antwort soll dem Team in kurzer Form die Gründe für die Projektdurchführung erläutern und dabei die drei Messgrößen Umsatz, Mitarbeiter und Kunden berücksichtigen: Wie entwickelt sich der Umsatz, wenn wir das tun? Was bedeutet es für Mitarbeiter und Kunden?

▶ **Was** soll getan werden: Das Ziel des Projektes wird genau definiert.

▶ **Wer** kann es tun? Die Mitarbeiter, die Teilaufgaben übernehmen, werden benannt; falls auch Externe beteiligt werden, so werden diese auch an dieser Stelle genannt.

▶ **Womit** soll es getan werden? Produkte, Mittel, Geld: Was ist für die Projektdurchführung erforderlich?

▶ **Wann** soll die Arbeit getan werden? Genaue Termine werden hier angegeben.

▶ **Wo** wird das Projekt durchgeführt? Die genauen Orte werden definiert.

Dies ermöglicht die aufeinander abgestimmte Planung der Handlungen und somit die Zielerreichung. Darüber hinaus ist die Planung auch Grundlage für die Auftragserteilung zur Projektdurchführung durch die Apothekenleitung. Selbst bei kleineren Projekten wie bei der Durchführung einer Aktion in der Apotheke ist die schriftliche Planung und Beauftragung zweckmäßig, da diese schriftliche Erarbeitung sehr schnell unterschiedliche Auffassungen oder Missverständnisse aufdeckt. Die Planung sollte in sinnvoller Weise in einzelne Teilphasen oder auch Themenphasen strukturiert sein und vom Groben ins Detail gehen. Bevor die Detailplanung beginnt, sollte die Grobplanung vollständig fertig sein und das Projekt durch den Vorgesetzten genehmigt sein.

> Jedes Projekt in der Apotheke bedarf einer schriftlichen Beauftragung durch die Apothekenleitung.

Ziele gut formulieren

Es gibt unterschiedliche Methoden, um Ziele richtig gut zu formulieren. In der Projektmanagementwelt hat sich die »SMART PIG« Methode durchgesetzt (Abbildung 10). Dabei steht SMART für spezifisch, messbar, aktiv beeinflussbar, realistisch, terminiert und PIG für positiv, in der Ich-Form und in der Gegenwart.

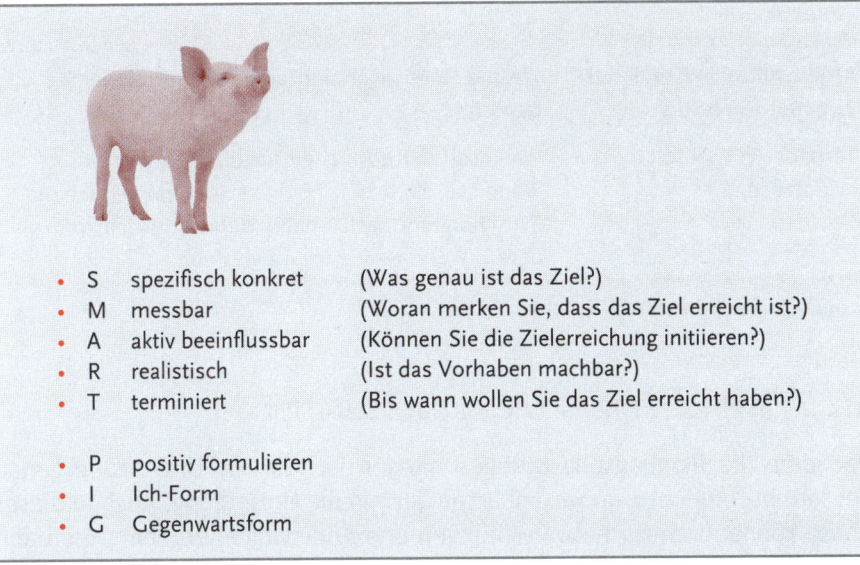

- S spezifisch konkret   (Was genau ist das Ziel?)
- M messbar   (Woran merken Sie, dass das Ziel erreicht ist?)
- A aktiv beeinflussbar   (Können Sie die Zielerreichung initiieren?)
- R realistisch   (Ist das Vorhaben machbar?)
- T terminiert   (Bis wann wollen Sie das Ziel erreicht haben?)

- P positiv formulieren
- I Ich-Form
- G Gegenwartsform

Abbildung 10: Die SMART PIG-Methode

Da die Apothekenleitung die Ziele vorgibt, muss sie einerseits darauf vertrauen, dass diese Ziele tatsächlich verfolgt werden. Andererseits muss sie in der Lage sein, die Ziele so zu kommunizieren, dass sie verstanden werden. Und schließlich muss sie die Verantwortung auch tatsächlich übertragen. Hierzu eignet sich die Delegationstechnik (Tabelle 5).

Delegationstechnik	W-Regel
Inhalt: **WAS** soll getan werden?	Was ist zu tun? Welche Teilaufgaben im Einzelnen? Welches Ergebnis wird angestrebt? Welche Abweichungen können in Kauf genommen werden? Welche Probleme können auftauchen?
Person: **WER** soll das tun?	Wer ist geeignet, diese Aufgabe zu erfüllen? Wer soll dabei mithelfen?
Motivation: **WARUM** ist es zu tun, was ist das Ziel?	Was soll durch die Arbeit erreicht werden? Was soll durch die Arbeit abgewendet werden?
Details: **WIE** soll es getan werden?	Welche Vorgehensweise soll gewählt werden, welche Vorschriften und Richtlinien sind zu beachten? Wer ist zu informieren? Welche Kosten dürfen entstehen?

Delegationstechnik	W-Regel
Arbeitsmittel: **WOMIT** soll es getan werden?	Welche Unterlagen und/oder Hilfsmittel werden benötigt?
Termine: **WANN** soll es erledigt sein?	Wann soll mit der Arbeit angefangen werden? Wann soll die Arbeit fertig sein? Wann will ich eine Zwischeninformation haben? Was muss ich kontrollieren? Wann werde ich eingreifen?

Tabelle 5: Die Delegationstechnik

5.2.2 Zweite Phase: Die Umsetzungsphase

Nachdem die Planungsphase abgeschlossen ist, die die Umsetzung genau beschreibt, beginnt zum vereinbarten Termin die Umsetzung. Auch in dieser Phase können sich noch Abweichungen und Änderungen ergeben, die dann sofort im Plan berücksichtigt werden. Der Plan soll leben und die Projektdurchführung begleiten, unterstützen und absichern.

Der Plan dient der Aktion. Die Aktion dient nicht dem Plan.

Finden Sie ein Gleichgewicht zwischen ungenügender Planung und Überplanung. Genaue Vorgaben, bis zu welchem Detaillierungsgrad ein Plan gehen sollte, gibt es nicht. Der Plan muss so ausgestaltet sein, dass er individuell hilft, vor bösen Überraschungen schützt und Risiken minimiert. Der Gedanke oder die Aussage »Das habe ich nicht bedacht«, wird einem erfahrenen Projektmanager nicht passieren.

Ein guter Projektmanager bringt Ergebnisse. Ein schlechter Projektmanager bringt Entschuldigungen, warum das Projekt nicht geklappt hat.

Während der Umsetzungsphase behält der Projektmanager die Einhaltung der Zeit, den Umsetzungsgrad und die Zielerreichung im Auge. Hierfür kann es sinnvoll sein, je nachdem wie lange das Projekt andauert, Teilziele zu definieren, um die Gesamtzielerreichung nicht zu gefährden.

5.2.3 Dritte und vierte Phase: Zielerreichung und Zielüberwachung (Controlling)

Wann ist Ihr Projekt beendet? Theoretisch entweder dann, wenn die zur Verfügung stehende Zeit verstrichen ist, oder wenn das angestrebte Ziel erreicht wurde. Das Projekt »Einführung eines Kompetenzmanagementsystems« dauert zunächst so lange, bis ein funktionierendes System etabliert ist. Dann muss es kontinuierlich gepflegt werden und wird Teil Ihres Qualitätsmanagementsystems.

Viele setzen »Controlling« ausschließlich mit Kontrolle gleich und empfinden bei dieser Aufgabe deshalb ein unangenehmes Gefühl. Dabei hat Controlling nicht nur die Bedeutung von Kontrolle, sondern von Zielüberwachung. Betriebswirtschaftlich gesehen bedeutet Controlling »Planung, Steuerung und Kontrolle«. So kann man frühzeitig gegensteuern, falls man feststellt, dass das Projekt nicht in die richtige Richtung läuft, man also nicht »auf Kurs« ist. Man verhält sich von Anfang an so, dass man das Bestmögliche erreicht. Erkennt man ein Problem und weiß eine Lösung, ändert man den Plan. Weiß man keine Lösung, hat man Gelegenheit, sich Hilfe zu holen. Man ist also nicht nur »Beobachter«, sondern »Macher«.

Die beste Controlling-Methode ist, Meilensteine zu definieren und deren Zielerreichungsgrad zu prüfen. Auf diese Art und Weise braucht man nicht bis zum Ende des Projektes zu verharren, um herauszufinden, ob man das Ziel erreicht hat oder nicht. Vielmehr kann man sehr früh erkennen, ob weitere Maßnahmen erforderlich sind.

Das Controlling hat zur Aufgabe, das Scheitern von Projekten zu verhindern. Bei der Betrachtung der Meilensteine wird man sich daher mit folgenden Fragen beschäftigen:

▶ Ist das Ziel klar?

▶ Ist die Aufgabe verstanden worden und der Kompetenzbereich klar umgrenzt?

▶ Folgen Informationswege und Entscheidungen einer klaren Struktur, oder werden sie dem Zufall überlassen?

▶ Werden Fehler als Sachzwänge bemängelt?

▶ Wird und wurde ausreichend Zeit in die Projektplanung investiert, so dass Risiken erkannt wurden?

▶ Ist die Gruppe gefordert und gefördert?

5.3 Anleitung zum Aufbau des Kompetenzmodells

In diesem Buch haben wir unterschiedliche Kompetenzen aufgezeigt, die für die Verbesserung der Beratung in der Apotheke von den unterschiedlichen Mitarbeitern erwartet werden können. Diese Kompetenzen haben wir in einem Formular zusammengetragen, das sich sowohl für die Festlegung der Erwartung an die jeweiligen Berufsgruppen als auch für die Aufnahme von Selbst- und Fremdbild eignet, sowie für die Ableitung entsprechender Schulungs- und Trainingsmaßnahmen. Die Zusammenstellung aus Kompetenzmodell und Schulungs- beziehungsweise Trainingsmaßnahmen ergibt Ihr Kompetenzmanagementsystem.

So können Sie das Formular für Ihr Kompetenzmodell Schritt für Schritt einsetzen:

Schritt 1: Lesen Sie das Formular zunächst aufmerksam durch. Ergänzen Sie bei den einzelnen Kompetenzfeldern die spezifischen Verhaltensweisen, die aus Ihrer Sicht fehlen. Streichen Sie diejenigen durch, die Ihnen nicht nützlich erscheinen. Machen Sie aus unserem Vorschlag Ihr persönliches Arbeitswerkzeug.

Ersetzen Sie in Ihrem Formular die Wörter »Leiter, Apotheker, PTA, PKA« durch die jeweiligen Namen Ihrer Teammitglieder.

Ergänzen Sie entsprechend folgender Liste jeweils Ihre Anforderung für die Apothekenleitung inkl. Vertretung, für die angestellten Apotheker ohne Vertretungsfunktion, für die Pharmazeutisch Technischen Assistenten, für die Pharmazieingenieure, für die Pharmazeutisch Kaufmännischen Assistenten, und so weiter:

> *0* = *Keine Anforderung vorhanden*
> *1* = *Lernt noch*
> *2* = *Kennt und weiß, wie es funktioniert*
> *3* = *Führt alleine aus*
> *4* = *Bringt anderen bei*
> *5* = *Gilt als Meister in diesem Bereich*

Vergeben Sie sodann die Wichtigkeitsstufe für den jeweiligen Arbeitsplatz: »+++« für sehr wichtig, »++« für wichtig und »+« für weniger wichtig.

Schritt 2: Im nächsten Schritt kann jeder Mitarbeiter eine eigene Einschätzung seiner Kompetenz abgeben. Dazu trägt jeder in seine Spalte die auf ihn am ehesten zutreffende Zahl ein. Es werden nur ganze Zahlen eingetragen. Für die Mitarbeiterabfrage eignet sich folgende Skala:

0 = *»Das kann ich nicht beurteilen, ich kenne meinen Stand nicht.«*
1 = *»Das lerne ich noch.«*
2 = *»Das kenne ich und weiß, wie es funktioniert.«*
3 = *»Das kann ich alleine ausführen und tue es auch.«*
4 = *»Das kann ich so gut, dass ich es anderen beibringen kann, und ich tue es auch.«*
5 = *»Das kann ich so gut, dass ich es anderen beibringen kann, und ich tue es auch, das fällt mir ganz leicht, das mache ich mit links.«*

Schritt 3: Jeder Mitarbeiter, Kollege und Vorgesetzte füllt einen Bogen zur Bewertung der übrigen Mitarbeiter aus. Wenn diese Bewertung anonym erfolgen soll, sollte für die Abgabe der anonymen Zettel eine entsprechende Abgabemöglichkeit angeboten werden.

0 = *»Das kann ich nicht beurteilen.«*
1 = *»Das lernt der-/diejenige noch.«*
2 = *»Das kennt der-/diejenige und weiß, wie es funktioniert.«*
3 = *»Das kann der-/diejenige alleine ausführen und tut es auch.«*
4 = *»Das kann der-/diejenige so gut, dass er/sie es anderen beibringen kann, und er/sie tut es auch.«*
5 = *»Das kann der-/diejenige so gut, dass er/sie es anderen beibringen kann, und er/sie tut es auch, das fällt ihm/ihr ganz leicht, das macht er/sie mit links.«*

Persönliche Entwicklungspotenziale lassen sich nun aus der Differenz zwischen Sollbild, Selbstbild und Fremdbild ableiten. Gespräche über Entwicklungspotenziale finden zwischen der Apothekenleitung und dem jeweiligen Mitarbeiter im jährlichen Zielvereinbarungsgespräch statt und können (müssen aber nicht) auch die Grundlage für leistungsorientierte Bezahlung liefern.

FÜHRUNGSKOMPETENZ	Apotheken-leitung	Projektleiter	HV-Kraft	PKA
Ist führungshungrig und will unbedingt anführen				
Kann Innovationen anstoßen und neue Dinge vorantreiben				
Ist kreativ und erfindet neue Dinge				
Ist weitsichtig und kann Dinge zu Ende denken, voraussagen, vordenken				
Besitzt analytische und konzeptionelle Fähigkeiten und ist in der Lage, einen Zustand emotionslos zu beschreiben				
Kann Visionen formulieren und kommunizieren, kann Zielbilder »malen« und Ziele SMART formulieren				
Ist initiativ und in der Lage, selbstmotiviert anzufangen, auch wenn zunächst keiner mitmacht				
Entwickelt die Gesamtstrategie und gibt Regeln verbindlich vor				
Trägt die Gesamtstrategie und/oder entwickelt sie weiter, indem er Verantwortung in einem bestimmten Zielbereich übernimmt				
Kennt das Ziel genau und versucht, es mit jeder Handlung zu erreichen				
Zeigt Führungsstärke und Verantwortung für die Mitarbeiter und ist in der Lage andere dazu zu bewegen, dass sie ihm folgen				
Erarbeitet Konzepte, die realistisch und umsetzbar sind				
Ist verhandlungsstark, beherrscht Verhandlungstechniken, ist konfliktfähig und zeigt eine große emotionale Stärke und Robustheit				
Übernimmt Verantwortung, versteht seinen Vorbildcharakter und kann das Team (mit)motivieren				
Kann Komplexität verarbeiten, mit Unsicherheit und mit kontroversen Meinungen umgehen und für eine angenehme Arbeitsatmosphäre sorgen				
Kann Prioritäten setzen und delegieren, setzt andere entsprechend ihrer Fähigkeiten ein				

Übernimmt die volle Verantwortung für die Umsetzung der Apothekenstrategie in seinem Teilbereich (z. B. Altenheim-belieferung, Aktionsdurchführung, Einkauf, Fortbildung u.v.m.)

(Tragen Sie hier weitere, in Ihrer Apotheke benötigte Füh-rungskompetenzen ein, bitte jeweils mit einer genauen Be-schreibung, welches Verhalten darunter zu verstehen ist!)

FACHWISSEN	Apotheken-leitung	Projektleiter	HV-Kraft	PKA
Beherrscht das pharmazeutisch-medizinische Grundla-genwissen zu großen Indikationen wie z. B. Diabetes, Osteoporose, Bluthochdruck und kann es in verständlicher Weise wiedergeben an alle Zielgruppen, wie z. B.: Apothekenteam und Apothekenkunden				
Beherrscht das pharmazeutisch-medizinische Grundlagen-wissen zu Selbstmedikationsindikationen wie z. B. Schmer-zen, Erkältung, Magen-Darm und kann es in verständlicher Weise wiedergeben an alle Zielgruppen, wie z. B.: Apothekenteam und Apothekenkunden				
Kann klinische Studien lesen und bewerten				
Kennt sich genau in den geltenden, seine Arbeit be-treffenden Gesetzen aus (Arbeitsrecht, Apothekenrecht, Umweltschutzgesetz, Gefahrstoffrecht, Arzneimittelrecht, Transfusionsgesetz, Betäubungsmittelgesetz u.v.m.)				
Kennt alle aktuellen relevanten Abrechnungsvorgaben durch die Krankenkassen				
Kann Rezepturen entwickeln, herstellen und deren Zusam-mensetzung beurteilen				
Kann alle Identitätsprüfungen für Eingangssubstanzen aus-wählen, beurteilen und durchführen, ggf. deren Durchfüh-rung überwachen				
Kann Situationen einschätzen und angemessen reagieren				
(Tragen Sie hier weitere, in Ihrer Apotheke benötigte Fachkompetenzen ein, bitte jeweils mit einer genauen Be-schreibung, welches Verhalten darunter zu verstehen ist!)				

METHODENKOMPETENZ	Apotheken-leitung	Projektleiter	HV-Kraft	PKA
Ist jederzeit in der Lage, mit Hilfe der in der Apotheke vorhandenen Informationen (AMK-Meldungen abarbeiten oder abgeben, Apotheken-interne EDV, Internetrecherchen u.v.m.) für Arzneimitteltherapiesicherheit zu sorgen				
Kann Indikationen und Kontraindikationen zusammentragen und kommunizieren				
Kann Medikationspläne aufstellen und mit Arzt und Patient besprechen				
Beherrscht die Technik der strukturierten pharmazeutischen Beratung				
Sortiert relevante Informationen und kommuniziert sie gezielt an die betroffenen Mitarbeiter, Kunden und andere Gruppen				
Beherrscht eine sorgfältige Arbeitsweise und beachtet das apothekeneigene Fehlermanagementsystem				
Kann sich an Vorgaben halten (z. B. QMS, Kompetenzmanagement, Herstellungsvorschriften, Rezeptbelieferung u.v.m.)				
Betreibt Kundenmanagement, führt Kundenbefragungen durch, wertet diese aus und kann Änderungsbedarf festlegen				
Beherrscht Category Management und Aktionsmanagement und setzt es um				
Beherrscht das Microsoft Office Paket				
Ist selbstsicher, zuversichtlich, gut gelaunt und tritt angemessen und überzeugend auf				
Kennt sich im Warenwirtschaftssystem aus				
Übernimmt Buchhaltungstätigkeiten und ist für die Barkasse verantwortlich				

KOMMUNIKATION	Apotheken-leitung	Projektleiter	HV-Kraft	PKA
Kann in allen in der Apotheke eingesetzten Kommunikations-wegen kommunizieren (Kundengespräch, Telefon, E-Mail, SMS)				
Beherrscht kundenzentriertes, motivationsförderndes Beraten				
Ist professionell, selbstsicher, gibt einem das Gefühl, dass er weiß, was er tut				
Arbeitet kundenorientiert, erkennt Kundenbedürfnisse, hört aktiv zu, kann W-Fragen stellen, kann für den Kunden verständlich sprechen				
Kann beurteilen, ob der Kunde ihn verstanden hat				
Hat ein angemessenes und überzeugendes Auftreten und kennt seine Wirkung				
(Tragen Sie hier weitere, in Ihrer Apotheke benötigte Kommunikationskompetenzen ein, bitte jeweils mit einer genauen Beschreibung, welches Verhalten darunter zu verstehen ist!)				

PERSÖNLICHE KOMPETENZ	Apotheken-leitung	Projektleiter	HV-Kraft	PKA
Ist kritikfähig, versorgt sich mit persönlichem Feedback, gelangt zu angemessener Selbsteinschätzung und ist in der Lage, das eigene Selbstkonzept zu korrigieren				
Ist ernsthaft an der Gesundheit der Apothekenkunden interessiert, ist motiviert und hat Freude am Beruf				
Lebt Kundenorientierung vor und motiviert seine Kollegen, das ebenfalls zu tun				
Baut Vertrauen auf und ist verschwiegen; beachtet andere Menschen in Ihrem »Anders-Sein« und respektiert sie				
Ist ein Teamplayer und findet seine eigene Stelle im Team; passt sich im Team an, unterstützt andere, nimmt Rücksicht auf andere z. B. durch eine angepasste Lautstärke, Pünktlichkeit, Körpergeruch; pflegt sein Netzwerk				

Ist offen im Umgang mit neuen Leuten, neuen Situationen, neuen Ideen; erkennt die Grenzen des Machbaren und kann mit Risiken umgehen

Ist ehrgeizig, entscheidungs- und durchsetzungsstark

Ist integer und professionell

(Tragen Sie hier weitere, in Ihrer Apotheke benötigte personale Kompetenzen ein, bitte jeweils mit einer genauen Beschreibung, welches Verhalten darunter zu verstehen ist!)

AKTIVITÄTS- UND UMSETZUNGSKOMPETENZ	Apotheken-leitung	Projektleiter	HV-Kraft	PKA
Berät Apothekenkunden aktiv, ohne weitere Aufforderung und verständlich zu allen beratungspflichtigen Arzneimitteln in der Offizin				
Kann innerhalb kürzester Zeit Lösungen anbieten und umsetzen				
Kann Dinge zu Ende denken und ausführen				

(Tragen Sie hier weitere, in Ihrer Apotheke benötigte Aktivitäts- und Umsetzungskompetenzen ein, bitte jeweils mit einer genauen Beschreibung, welches Verhalten darunter zu verstehen ist!)

Formular: Kompetenz einschätzen

5.4 Aufbau oder Ergänzung des Schulungs- und Trainingssystems

Mit Hilfe der Ergebnisse der Soll-Ist-Analyse fertigt der Projektleiter einen Schulungs- und Trainingsplan für die Apotheke. Dieser ergänzt gegebenenfalls in der Apotheke bereits vorhandene Schulungspläne im Qualitätsmanagementsystem. In regelmäßigen Zeitabständen überprüft der Projektleiter, inwiefern die durchgeführten Schulungsmaßnahmen sich dazu eignen, die Kompetenz des Apothekenteams in den benötigten Feldern zu steigern und zu stabilisieren, und fügt gegebenenfalls neue oder andere Punkte hinzu. Das Kompetenzmanagementsystem ist ein Teil des Qualitätsmanagementsystems und wird somit auch ständig weiter verbessert.

6 Anhang: Arbeitshilfen zur Umsetzung

6.1 Anleitung für einen Workshop zum Thema »Das pharmazeutische Gespräch«

Im Mittelpunkt dieses Tages steht das Kundengespräch. Dieses Gespräch ist die kundennächste Tätigkeit, die in der Apotheke stattfindet. Da alle Teilnehmer diese Tätigkeit ausüben, ist die vermittelte Vorgehensweise darüber hinaus eine gute Möglichkeit, die Teilnehmer für einen kritischen Umgang mit der eigenen Arbeit zu sensibilisieren. Ein kompetenter HV-Mitarbeiter löst jedes Problem des Kunden auf eine Art und Weise, die den Kunden begeistert. Darüber hinaus wird die Verbesserung des Kundengespräches am schnellsten vom Kunden selbst wahrgenommen werden, schneller als Veränderungen, die sich im Hintergrund abspielen, und so wird bereits dieses erste Projekt schnell zu einer Verbesserung am HV-Tisch führen. Nach dem ersten Workshop können dann weitere folgen, die sich mit weiteren Methoden beschäftigen, die in diesem Buch beschrieben sind.

Auf den nächsten Seiten erhalten Sie einen Leitfaden zur Durchführung eines Workshops zur Verbesserung des pharmazeutischen Gespräches in Ihrer Apotheke. Dieser Leitfaden soll exemplarisch für weitere Workshops zu anderen Themen, die ebenfalls ein Training benötigen, stehen. So erkennen Sie leicht, welche Inhalte und Methoden zur Vorbereitung eines Trainings notwendig sind und können weitere Workshops selbst entwickeln.

6.1.2 Trainerleitfaden für den Workshop »Das pharmazeutische Gespräch«

Teilnehmer: Pharmazeutische Mitarbeiter der Apotheke

Benötigte Hilfsmittel:

▶ 1 Flipchart oder eine Metaplanwand, an der Sie schreiben können

▶ Flipchartstifte

▶ Teilnehmerliste

▶ Ausgedruckte Formulare zur Vorbereitung der pharmazeutischen Beratung (siehe weiter unten)

▶ Papier und Stifte

Sensibilisieren Sie Ihre Kollegen und Mitarbeiter dafür, dass ein Gespräch in der Apotheke grundsätzlich gerichtet verläuft. Das bedeutet, dass der Ausgang des Gespräches, anders als bei privaten Unterhaltungen, nicht offen ist. Denn Sie wollen ja etwas von Ihrem Kunden: Er soll Ihren Anweisungen Folge leisten. Unabhängig davon, ob es um die Einnahme eines Medikamentes geht, das der Arzt verordnet hat, um den Kauf eines Selbstmedikationsarzneimittels, oder um die Durchführung einer Venenmessung: Der pharmazeutische Mitarbeiter tritt als »Ansager« auf und leitet das Gespräch in die richtige Richtung.

Moderieren Sie die Veranstaltung und stellen Sie Ihren Mitarbeitern und Kollegen zunächst folgende Frage:

»Welche Phasen des pharmazeutischen Gespräches kennen wir bereits?«

 Je nach Vorerfahrung der Gruppe werden Sie hier unterschiedliche Differenzierungen herausarbeiten. Für die Apothekenpraxis als hinreichend gelten 4 Phasen des Gespräches, die alle jederzeit durch Kundeneinwände ergänzt bzw. unterbrochen werden können.

»Grob unterscheiden wir 4 Phasen im Gespräch: die Begrüßungsphase, die über die Art der Beziehung während des Gespräches entscheidet. Die Informationsphase, in der der ausgesprochene und idealerweise der noch nicht ausgesprochene Bedarf des Kunden ermittelt wird. Daran schließt sich die Angebotsphase an, die gefolgt wird von der vierten und letzten Phase, der Abschlussphase.«

Nicht alle Apothekenmitarbeiter führen das Gespräch mit dem Apothekenkunden strukturiert durch. Auch wenn die Struktur des Gespräches auf den ersten Blick eine leichte, mehrfach gehörte Sache zu sein scheint – hier kommt es sehr stark auf die Umsetzung an.

Deshalb sollten nun die Fragen folgen:

»Welche dieser Phasen setzen wir bereits strukturiert um? Was genau tun wir in den jeweiligen Phasen? Fangen wir doch mit der Begrüßungsphase an!«

Notwendige oder bekannte Gesprächsinhalte, die die Teilnehmer in den jeweiligen Gesprächsphasen als erfolgsrelevant erachten, werden notiert.

Die Antworten werden auf einer Metaplanwand oder einem Flipchart notiert. In Anschluss daran formuliert das Team verbindliche Verhaltensanweisungen für die unterschiedlichen Phasen des Gespräches, an die es sich halten will.

Die Begrüßung – positive Verhaltensweisen:

Wir nehmen unsere Kunden wahr, auch wenn sie noch nicht von uns bedient werden, indem wir Blickkontakt aufnehmen, mit dem Kopf nicken und sie anlächeln. Das tun wir auch, wenn wir gerade mit einem anderen Kunden beschäftigt sind. Das tun wir alle, auch diejenigen, die grundsätzlich nicht bedienen.

Der Kunde soll bei uns vom ersten Augenblick an das Gefühl haben, dass wir uns freuen, ihn zu sehen. Wir sind höflich und zuvorkommend.

Wir wechseln uns in den Begrüßungsformeln ab: »Guten Tag.«, »Herzlich Willkommen bei uns!«, »Ich freue mich, Sie zu sehen.« usw.

Unsere Stammkunden sprechen wir mit ihrem Namen an.

Allen Kunden, die uns nicht mit Namen begrüßen, stellen wir uns vor: »Guten Tag, ich bin Anna Laven und heute für Sie verantwortlich.«

Wir geben uns Tipps und coachen uns gegenseitig bezüglich Auftreten und Aussehen, weil man bei anderen immer leichter Verbesserungsmöglichkeiten sieht, als bei sich selbst.

Manchen Apothekenmitarbeitern kann der Blickkontakt schwer fallen. Folgende **Übungen** sind hierzu hilfreich:

▶ Malen Sie auf ein weißes Blatt Papier zwei große schwarze Punkte auf, die in etwa die Größe einer Iris haben, mit einem Abstand, der dem Augenabstand entspricht. Versuchen Sie regelmäßig, diese »Augen« zu fixieren.

▶ Auch ein guter Tipp, um Menschen anzuschauen, die einen starken Silberblick haben: Schauen Sie auf einen Punkt oberhalb der Nase, zwischen den Augen.

▶ Falls die Kunden schlecht gelaunt sind und deshalb der Blickkontakt schwer fällt: Schauen Sie häufiger in den Spiegel, vielleicht nehmen die Kunden wahr, dass Sie selber nicht gut gelaunt sind! Gehen Sie grundsätzlich positiv auf Ihre Kunden zu.

In Anschluss an jede Phase wird der Fokus auf vermeidbare Fehler gelegt: »Nun wissen wir, was beim Kunden gut ankommt. Was kommt beim Kunden nicht so gut an?«

Für die Beantwortung dieser Frage ist es am leichtesten, wenn man sich vorstellt, selber Kunde zu sein.

Die Begrüßung – negative Verhaltensweisen

Wenn wir als Kunde in einem Geschäft sind, dann mögen wir es nicht, wenn die Mitarbeiter uns nicht wahrnehmen, weil sie bereits mit einem Kunden, den sie bedienen, so sehr beschäftigt sind, dass sie uns nicht anschauen können.

Wir mögen auch keine Verkäufer, die uns Floskelfragen stellen, da dadurch wertvolle Zeit verloren geht.

Ebenfalls mögen wir es nicht, dass wir zwar gefragt werden, aber dass die Antwort nicht ernst genommen oder nicht geglaubt wird.

Wir mögen es nicht, von Menschen bedient zu werden, deren Erscheinungsbild darauf hindeutet, dass sie noch nicht mal mit sich selber gut umgehen. Hinweise sind unfrisiertes Haar, schmutzige Fingernägel, nachlässige Kleidung und insbesondere Körper- und Mundgeruch.

Nun geht man die Phasen des Gesprächs weiter durch und verfährt genauso, wie mit der ersten Phase: Es werden positive und negative Verhaltensweisen aufgeschrieben. Mit dem Team wird vereinbart, wie es sich in der Apotheke verhalten wird.

Die Bedarfsermittlungsphase – positive Verhaltensweisen

Wir wissen, dass der Apothekenkunde ein oder mehrere Arzneimittel erwerben möchte, die seiner Gesundheit gut tun. Er möchte sicher sein, dass seine Auswahl die allerbeste ist.

Wir bekommen durch geeignete Fragen heraus, was er wirklich braucht, ob er es verträgt und ob sich das Mittel mit seinen eventuell anderen Arzneimitteln verträgt. Hierbei richten wir uns nach dem aktuellen Wissenstand, den wir für den Apothekenalltag zusammenfassen.

Jeder von uns stellt auf jeden Fall folgende Übersichtsfragen, die sicherstellen, dass wir einen Interaktions- und Kontraindikationscheck machen können:

1. »Welche weiteren Arzneimittel nehmen Sie noch ein?«

2. »Was sollte ich außerdem über Ihren Gesundheitszustand wissen, um Sie optimal zu beraten?«

Bitte stellen Sie unbedingt fest, für wen das Arzneimittel ist! Säugling, Kleinkind, Schulkind, Erwachsener, Greis? Manchmal vergessen wir im Eifer des Gefechts zu fragen – die Folgen können verheerend sein. Ebenso müssen die geschilderten Symptome zur gestellten Selbstdiagnose passen und für die Selbstmedikation geeignet sein.

In Vorbereitung der Angebotsphase beobachtet man den Kunden und hört ihm genau zu, einerseits um zu begreifen, was er benötigt, und andererseits, um seinen bevorzugten Wahrnehmungskanal zu erfassen. Welche Worte benutzt er, um seine Krankheitssymptome oder seinen Arzneimittelwunsch zu beschreiben? Genau diese Worte sollten wir auch benutzen, um ihm später zu erklären, warum das Arzneimittel, das wir ihm empfehlen, gut geeignet ist.

Thematisieren Sie daher die unterschiedlichen Motivationen (an dieser Stelle könnten Sie mit fortgeschrittenen Gruppen auch die Motive nach Maslow und Reiss besprechen).

Was sagt der Kunde zu den Themen »Zeit«, »Geld«, »Sicherheit«, »Das ist gut«, »Nebenwirkungen«, »Krankheit«, »Gesundheit« und wie ist sein Verständnis davon? Achten Sie darauf, merken Sie sich das und argumentieren Sie später ähnlich. Wichtig ist dabei, dass Sie jederzeit sein Wohl im Auge behalten!

Was macht der Kunde? Ist er nervös, zappelt er, guckt er auf die Uhr, atmet er genervt – hat er es eilig? Dann sollten auch wir uns beeilen und etwas schneller sprechen bei der Beratung. Das bedeutet nicht, dass wir nicht beraten – wir beeilen uns nur ganz offensichtlich. Ist er entspannt und zugeneigt? Dann können wir uns etwas mehr Zeit lassen, aber grundsätzlich nicht mehr als wirklich notwendig. Tritt er einen Schritt zurück, weil er nicht interessiert ist? Wenn er nicht zuhört, sollten wir eine Frage stellen, um ihn wieder ins Gespräch zurückzuholen.

In Tabelle 6 sind einige Kommunikationsfehler aufgelistet, die man in der Bedarfsermittlungsphase vermeiden kann, sowie Vorschläge für einen besseren Kundenumgang. Besprechen Sie diese Tabelle im Team, und nehmen Sie gegebenenfalls Ergänzungen vor.

ERWÜNSCHT	UNERWÜNSCHT
Übersichtsfragen stellen zu Interaktionen und Kontraindikationen (s. oben).	Keine Fragen stellen.
	Einzelfragen zu einzelnen Symptomen stellen, z. B.: »Haben Sie Magenschmerzen?« und dadurch eine umfassende Beratung unmöglich machen.
Fundierte Empfehlungen aussprechen.	Empfehlungen aussprechen, die man irgendwo mal gehört hat, aber nicht begründen kann.
Offene Fragen stellen: »Womit kann ich Ihnen helfen?«	Geschlossene Fragen stellen, die das Gespräch ins Stocken bringen, z. B.: »Kann ich Ihnen helfen?«
Den Kundenwunsch in eine pharmazeutisch richtige, evidenzbasierte Empfehlung verwandeln.	Nicht dem Kunden zuhören, sondern einfach über seine Wünsche hinweggehen.
Ganze Sätze sprechen.	Nur in Satzbruchstücken reden.
Das Gespräch zielgerichtet aufbauen.	Ohne Ziel »quatschen«.
Dem Kunden seine Gesundheitsprodukte schmackhaft machen.	Nur den Preis und nicht den Nutzen des Arzneimittels nennen.
Eine kleine Sprechpause machen oder eine Frage stellen, um den Kunden wieder ins Gespräch zu holen.	Unbeirrt weiterreden, auch wenn der Kunde nicht zuhört.
Fragen, die der Kunde nicht gleich beantworten möchte, erklären: »Wissen Sie, ich frage weil ...«	Inquisitorisches Fragestellen.

ERWÜNSCHT	UNERWÜNSCHT
Laut kommentieren, was man tut, und vorlesen, was man im Computer liest.	Erstmal alles in Ruhe im Computer nachschauen, und den Kunden daneben stehen lassen.
Sich dafür interessieren, den Kunden zu begeistern.	Sich dafür interessieren, möglichst schnell mit dem Kunden fertig zu werden.
Lösungsorientiert denken.	Dem Kunden Schuldzuweisungen machen.

Tabelle 6: Do's und Don'ts in der Kommunikation mit dem Kunden

Wenn Sie im Team noch nicht so sehr im Zuhören geübt sind und vielleicht nicht glauben, dass richtig verständnisvolles Zuhören etwas bei dem Gesprächspartner bewirkt, versuchen Sie es doch mal in der Zweiergruppe mit folgender Übung aus unserem Flirtseminar:

Übung

Zuerst erzählt Sprecher A etwas über sich; der Zuhörer B verzieht keine Miene und sagt nichts. Dann erzählt Sprecher A wieder etwas über sich; der Zuhörer B nickt verständnisvoll und wiederholt hier und da einiges, was der Erzähler ihm berichtet hat, als Zeichen seines (Ein-)Verständnisses.

Tauschen Sie sich anschließend aus, welches Gefühl sowohl beim Sprecher als auch beim Zuhörer in der jeweiligen Situation entsteht.

Die Angebotsphase

Ein richtig gutes Angebot ist eines, das man sorgfältig vorbereitet hat. Aber wie können wir unser Angebot vorbereiten, wenn wir den Kunden zunächst nicht kennen? Und lernt man ihn kennen, hat dieser nur drei Minuten Zeit … Wie können wir in der kurzen Aufenthaltsdauer des Apothekenkunden in der Apotheke wirklich pharmazeutisch beraten? Ganz einfach: Indem wir uns schon bevor der Kunde kommt, vorstellen, was er brauchen könnte.

Diskutieren Sie im Team die Möglichkeiten, die Sie sich vorstellen können, aktiver auf Ihre Kunden zuzugehen. Im Folgenden sind ein paar Vorschläge aufgeführt.

Möglichkeit 1: Themenaktionen

Ein Weg führt über Themenaktionen. Die gängigsten, wichtigsten Indikationen aus der Selbstmedikation werden im Rahmen von Monatsaktionen vorbereitet und umgesetzt. Wir empfehlen Ihnen, sich wirklich mit Selbstmedikationsthemen zu beschäftigen und diese in den Fokus unterschiedlicher chronischer Erkrankungen zu setzen. Hierbei lernt das ganze Team sowohl die Indikation als auch die dazu gehörenden, von der Apotheke empfohlenen Produkte. Zu einer Themenaktion gehören grundsätzlich:

▶ Die Wiederholung der Inhalte aus pharmazeutischer Sicht

▶ Das Auflisten der jeweiligen Arzneimittel inkl. strukturierter Beratung

▶ Die Visualisierung des Themas in der Apotheke (Schaufenster, HV-Tisch, Sichtwahl, evtl. Freiwahl)

▶ Informationsbroschüren für Käufer und für Nichtkäufer

▶ Eine vorbereitete wissenschaftliche Datenlage und darauf aufbauende Nutzenargumentation für die Aktionsprodukte: Warum soll genau dieser Kunde genau dieses Produkt nehmen? Was hat er davon, genau das zu tun? Was bekommt er über das Produkt hinaus, was ist also sein persönlicher Nutzen?

▶ Das Beratungstrio nach Laven (Dosierung, Dauer der Einnahme, drittwichtigste Info wie Aufbrauchfrist, Verhalten im Straßenverkehr, vermeidbare Nebenwirkung o.Ä.) zum Produkt lernen und sagen können

Der Vorteil von Themenaktionen ist, dass das ganze Team seine Kompetenz Stück für Stück erweitern kann. Man beschäftigt sich einen Monat lang mit diesem Thema, spricht jeden Kunden darauf an – im Anschluss ist man ein Experte auf diesem Gebiet. Selbst zu einem späteren Zeitpunkt wird dieses Thema immer noch beherrscht werden, so dass das Kundengespräch hierzu optimal vorbereitet ist. **Kriterien für die Festlegung von Empfehlungsarzneimitteln sind in Kapitel 4 beschrieben.**

Möglichkeit 2: Indikationsberatung

Der zweite Weg, ein Kundengespräch optimal vorzubereiten, besteht darin, die wichtigsten Indikationen aus der Verordnung herauszufinden. Hierzu macht man eine Rezeptanalyse über die letzten 12 Monate und findet heraus, welche der großen Indikationen in der eigenen Apotheke am häufigsten vorkommen. Das kann in einer Center-Apotheke ganz anders gelagert sein als in einer Landapotheke. Nun beginnt man mit den ersten fünf Indikationen und ergänzt nach und nach, bis man ca. 80 Prozent der Indikationen abdeckt. Die Vorbereitung besteht darin, dass man sich fragt:

▶ In welcher Situation ist ein Mensch mit dieser Erkrankung, womit könnte man ihm eine Erleichterung geben? Beispiel: Alle Menschen mit Bluthochdruck profitieren von dem Erlernen einer Anti-Stress-Technik.

▶ Welches Produkt braucht jeder? Beispiel: Alle Menschen mit Diabetes profitieren von einem eigenen Blutzuckermessgerät.

▶ Welches Arzneimittel muss auf jeden Fall zusätzlich eingenommen werden? Beispiel: Alle Menschen mit Osteoporose sollten Calcium und Vitamin D3 substituieren.

▶ Welche Nebenwirkung wird auftreten, die mit einem Produkt vermeidbar ist? Beispiel: Bei allen phototoxisch wirksamen Arzneimitteln zusätzlich Sonnenschutz empfehlen.

Und so könnte Ihre Zusammenfassung für die Angebotsphase aussehen:

Die Angebotsphase – positive Verhaltensweisen

Wir kennen die Indikationen, die hauptsächlich in unserer Apotheke vorkommen, und haben uns eingehend mit der Situation unserer Kunden beschäftigt. Zu jeder Indikation haben wir Empfehlungen ausgearbeitet, die unseren Kunden das Leben erleichtern.

Wir beschäftigen uns jeden Monat ausführlich mit einem für die Gesundheit unserer Kunden relevanten Thema und vergrößern dadurch nicht nur das Wissen unserer Kunden, sondern auch unseres.

Zu jedem Arzneimittel oder Produkt, das wir anbieten, sprechen wir eine auf den Kunden abgestimmte Nutzenargumentation und das Beratungstrio nach Laven (Dosierung, Dauer, drittwichtigste Info).

Wir interessieren uns immens dafür, den Kunden rundum pharmazeutisch zu versorgen.

Wir legen grundsätzlich dem Kunden die zu besprechenden Produkte vor oder geben sie ihm in die Hand und beraten niemals »blind«.

Sammeln Sie auch für die Angebotsphase erwünschte und nicht erwünschte Verhaltensweisen (Tabelle 7).

ERWÜNSCHT	UNERWÜNSCHT
Für mindestens 70% der Indikationen in der Verordnung haben wir einen strukturierten Beratungsleitfaden ausgearbeitet.	Keine Vorbereitung.
Wir interessieren uns ohne Bedingungen für den Kunden und seine Belange.	Überneugierig sein oder sich desinteressiert verhalten.
So genannte »unsympathische« Kunden, zu denen man eine gestörte Beziehung hat, an Kollegen abgeben; sich selber zu mehr Verständnis für Kunden motivieren, häufig folgt die Sympathie automatisch.	Aus mangelnder Sympathie zum Kunden kein Angebot unterbreiten.
Das Arzneimittel holen, dem Kunden aushändigen und dann beraten.	Über ein Arzneimittel sprechen, ohne es dem Kunden zu zeigen.
Die Packungsgröße derart wählen, dass ein Therapieerfolg eintreten kann.	Die kleinste Packungsgröße anbieten, um nicht in Preisdikussionen zu geraten.
Das Arzneimittel bereits abscannen, bevor man es dem Kunden überreicht. So hat man die Information nicht nur zum Preis, sondern auch zu Interaktionen und Kontraindikationen bereits vorliegen – sofern man alles eingepflegt hat.	Dem Kunden das Arzneimittel abnehmen, um es zu scannen, sobald dieser nach dem Preis fragt.
Souverän und freundlich sein in jeder erdenklichen Situation.	Schnippisch oder beleidigt reagieren, wenn ein Kunde nicht beraten werden möchte oder wenn er ein Produkt nicht einnehmen möchte.
Nähe zulassen können und sich auf die Kunden einlassen.	Kunden oberflächlich oder arrogant behandeln.
Pausen im Gespräch machen und auf den Kunden eingehen.	Reden ohne Punkt und Komma.
Fragen erläutern.	Den Kunden »Löcher in den Bauch« fragen.

Tabelle 7: Erwünschte und unerwünschte Verhaltensweisen in der Angebotsphase

Umgang mit dem Nein des Kunden

Jeder, der sich schon einmal vorgenommen hat, einem Anderen etwas Konkretes vorzuschlagen, und der abgelehnt wurde, weiß, wie schmerzlich es ist: Hat man doch Zeit und Ideen investiert, wie man es dem Anderen schmackhaft machen könnte, und jetzt sagt der einfach »Nein«. In dieser Situation ist man auch in der Apotheke mehrmals täglich. Übrigens ist das auch ein Grund, weshalb Einige sich mit dem Beraten und Verkaufen schwer tun: eine niedrige Frustrationstoleranz und die Angst vor Ablehnung.

In unseren Beratungsgesprächen werden wir sehr viel häufiger ein »Nein« als ein »Ja« hören. Ein »Nein« ist der Beweis dafür, dass wir unserem Kunden ein Zusatzangebot für seine Gesundheit gegeben haben, sei es in Form einer Beratung oder in Form eines Produktes. Am besten ist es, wenn wir dennoch darauf vorbereitet sind, zu antworten. Welche verbalen Reaktionsmöglichkeiten könnten wir uns im Team vorstellen?

Die Beispiele werden wieder zusammengetragen, hier sind ein paar Vorschläge:

▶ »Ich habe es Ihnen gern gezeigt und denke, dass es Ihnen gut tun kann. Wir haben es immer für Sie hier.«

▶ »Ich gebe Ihnen hier einen Zettel mit, auf dem der Name des Produkts steht, falls Sie es beim nächsten Mal gern haben möchten.«

TIPP FÜR DEN ALLTAG:

Machen Sie sich und Ihrem Team nochmals klar, wie wichtig Sie dem Kunden sind. Sie sind der letzte, ganz häufig der einzige professionelle Kontakt vor der Arzneimittelanwendung.

Sie tragen eine hohe Verantwortung für die Arzneimitteltherapiesicherheit. Daher ist es Ihre pharmazeutische Pflicht, jedem Ihrer Gesprächspartner seine vollen Möglichkeiten aufzuzeigen und die besten Produkte, die Sie zuvor sorgfältig ausgesucht haben, anzubieten.

Der Kunde aber ist nicht verpflichtet, Ihr Angebot anzunehmen. Er darf es auch ablehnen.

Sie erkennen ganz leicht, ob Sie ausreichend Angebote machen, an der Anzahl der »Nein«, die Sie einstecken. Mit diesem »Nein« meint der Kunde nicht Sie als Person, sondern einfach, dass er Ihr Angebot zum jeweiligen

Zeitpunkt nicht annehmen möchte oder kann. Das kann sich zu einem späteren Zeitpunkt – möglicherweise bereits bei seinem nächsten Besuch – wieder vollkommen geändert haben.

Die Abschlussphase

Nun nähert sich das Gespräch langsam seinem Ende. Manchmal dauert es lediglich wenige Minuten, bis es soweit ist, und die Kunden wollen gehen. Dennoch sollte auch die Abschlussphase höflich durchgeführt werden.

Stellen Sie Ihrer Gruppe nun die Frage: Woran erkennen wir in einfachen Apothekengesprächen, dass der Kunde mit unserer Meinung einverstanden ist?

Mit folgenden Antworten seitens Ihrer Teilnehmer können Sie rechnen:

▷ Der Kunde sagt einfach »ja«.

▷ Er fragt nach dem Preis oder sucht sein Portemonnaie.

▷ Er erkundigt sich nach etwas, das erst eintreten kann, nachdem er das Arzneimittel eingenommen hat, zum Beispiel nach einer Nebenwirkung.

ABSCHLUSS DES WORKSHOPS:

Lassen Sie jeden Teilnehmer nochmals zu Wort kommen, indem Sie die Frage beantworten lassen: »Was wollen wir sofort umsetzen?« Bedanken Sie sich fürs Mitmachen. Ziehen Sie zum Schluss ein Fazit und formulieren Sie es mit einigen prägnanten Sätzen:

◢ *»Aus einem guten, maßgeschneiderten Angebot ergeben sich in der Regel ein Kauf und ein zufriedener Kunde.«*

◢ *»Wenn der Kunde nicht kauft, dann ist sein Bedarf häufig nicht richtig erkannt worden.«*

◢ *»In seltenen Fällen liegt es auch daran, dass man zu lange weiter gesprochen hat (»Überverkauf«) oder dem Kunden durch abwartendes Verhalten Hinweise gegeben hat, er könnte sich die Arzneimittel auch per Internet bestellen (»Beratungsklau«).«*

➤ »Lasst uns jedes Mal die Chance, den Bedarf des Kunden zu erkennen, nutzen!«

➤ »Lasst uns Fehler als Zeichen unseres Engagements ansehen – und lasst uns viele Fehler machen, aber jeden Fehler nur ein einziges Mal, indem wir uns rege darüber austauschen!«

➤ »So bleiben wir am Ball!«

6.2 Formular zur Ausarbeitung der strukturierten pharmazeutischen Beratung

Arzneimittelname (Tragen Sie hier den Wirkstoff und die Handelsnamen ein):

Individualisierte Beratung: Für wen ist das Arzneimittel?

Interaktionscheck: »Welche weiteren Arzneimittel nehmen Sie ein?« Tragen Sie in Tabelle 8 ein, welche Arzneimittel mit dem Gewünschten Wechselwirkungen haben, und was Sie in der Folge tun werden, zum Beispiel Dosisanpassung, Verwendung weiterer Mittel, Arztverweis etc.

Eingenommenes Arzneimittel	Folge für die Beratung

Tabelle 8: Wechselwirkungen und deren Folge für die Beratung erfassen

Kontraindikationscheck: »*Welche gesundheitlichen Besonderheiten soll ich beachten, um Sie möglichst gut zu beraten?*« Tragen Sie in Tabelle 9 ein, welche Folgen eine Schwangerschaft in der jeweiligen Schwangerschaftswoche, Stillzeit etc. für die geplante Arzneimitteleinnahme hätte. Ergänzen Sie weitere gesundheitliche Besonderheiten, falls notwendig.

Eingenommenes Arzneimittel	Folge für die Beratung
Schwangerschaft (welche SSW)	
Stillzeit	
Anstehende OP	
Anstehende Chemotherapie	
Allergie gegen ...	
Chronische Erkrankung	

Tabelle 9: Gesundheitliche Besonderheiten und deren Folge für die Beratung erfassen

Motivorientierte Nutzenargumentation

3. Produkteigenschaft _____
   Brücke   das bedeutet für Sie,
   Motivargument   _____
4. Produkteigenschaft _____
   Brücke   das bedeutet für Sie,
   Motivargument   _____
5. Produkteigenschaft _____
   Brücke   das bedeutet für Sie,
   Motivargument   _____

Beratungstrio nach Laven

Dosierung   _____
Dauer   _____
Dritte AM-Info _____

(Bitte die Informationen schriftlich mitgeben, wenn es mehr als drei sind.)

6.2.1 Formular zur inhaltlichen Ausarbeitung einer Monatsaktion

Name der Aktion:

_____

Definition der Erkrankung:
Schreiben Sie hier auf, wie die Erkrankung verstanden wird:

_____
_____
_____
_____
_____

Diagnose: Wie erkennt der Arzt die Erkrankung, welche Symptome liegen vor?

_____
_____
_____
_____
_____

Verschiedene Zielgruppen in der Apotheke: Wer kommt für Ihre Beratung in Frage?

_____
_____
_____
_____
_____
_____

Was können Sie Ihren Kunden zusätzlich empfehlen/mitgeben?

_____
_____
_____
_____
_____

Weiterführende Informationen im Internet:

_____

_____

_____

_____

_____

_____

Zugrunde gelegte Leitlinien und Primärliteratur:

_____

_____

_____

_____

_____

_____

6.2.2 Projektplan zur Durchführung einer Monatsaktion

Aktionsname:

_____

Erläuterung: Warum führen Sie genau diese Aktion durch?

_____

_____

Projektziel:
- Sowohl Image als auch Umsatz der Apotheke verbessern
- Die Kunden beraten zu
- _____
- Die Expertise der Apotheke im Bereich
- _____ festigen
- Bei Kunden begründeten Eindruck hinterlassen, dass sie sich in dieser Apotheke gut beraten wissen können

_____

_____

_____

Aktionsbeschreibung: _____

_____

_____

Maßnahmen:

Festlegung von mindestens einem und höchstens 5 Empfehlungsarzneimitteln, die jeder Mitarbeiter im Rahmen dieser Aktion empfehlen kann:
- _____
- _____
- _____
- _____
-

Festlegung der Zielgruppen:
- _____
- _____
- _____
-

Weitere Maßnahmen:
- _____
- _____
- _____
- _____
-

Controlling:	Jeder Mitarbeiter füllt (ggf. anonym) einen Feedbackbogen zur Aktionsdurchführung aus Es wird eine Kundenumfrage durchgeführt Die Abverkaufsstatistik der genannten Produkte wird verglichen vorher/nachher
Datum / Zeitraum:	Von _____ _____ bis _____ _____
Projektleiter:	_____ _____

| Teilnehmer (bitte jeweils V = verantwortlich und/ oder D = durchführend dahinterschreiben!): | Apothekenleitung:
_____ _____
HV-Team:
_____ _____
_____ _____
_____ _____
_____ _____
_____ _____

Kaufmännisches Team:
_____ _____
_____ _____
_____ _____
_____ _____

Weitere Teilnehmer:
_____ _____
_____ _____
_____ _____
_____ _____ |

Zusätzliche Notizen:

Erläuterungen:	V = Verantwortlich; D = Durchführung		
Vereinbarte Tätigkeiten:	Wer?	Bis wann?	Ergebnis?
1. Festsetzen der Aktionsthemen im laufenden Jahr Die Aktionsthemen werden für ein Jahr im Voraus festgesetzt	Apotheken-leitung (V) _____ Durchführen-der Mitarbeiter (Namen hier eintragen) (D)	30.11. des Vorjahres	Aktionen sind festgelegt; Planungssicherheit
2. PR-Maßnahmen planen	Durchführender Mitarbeiter	Sofort nach Festsetzung der Aktionsthemen, mit einem Vorlauf von mind. 6 Wochen zum Aktionsstart Konkretes Datum hier eintragen: _____	PR steht
3. Ggf. Referent buchen	Durchführender Mitarbeiter	Sofort nach Festsetzung der Aktionsthemen, mit einem Vorlauf von mind. 6 Wochen zum Aktionsstart Konkretes Datum hier eintragen: _____	Referent gebucht
4. Poster, Handzettel u. a. Werbematerialien definieren und bestellen	Apothekenleitung (V) Durchführender Mitarbeiter (D)	30.11. des Vorjahres	Materialien bestellt

5.	Kooperations- partner festle- gen	Apotheken- leitung(V) Durchführender Mitarbeiter (D)	3 Monate vorher Konkretes Datum hier eintragen: _____	Kooperations- vertrag/-auftrag
6.	Aktionsprodukte festlegen und in ausreichender Menge bestellen	Apotheken- leitung(V) Durchführender Mitarbeiter (D)	Bis zu 3 Monaten vorher Konkretes Datum hier eintragen: _____	AM verfügbar
7.	Schaufens- terdeko der Aktionsprodukte anfordern	Durchführender Mitarbeiter (D)	3 Monate vorher Konkretes Datum hier eintragen: _____	Schaufensterde- ko vorhanden
8.	Flyer bestellen	Apotheken- leitung(V) Durchführender Mitarbeiter (D)	4 Wochen vorher Konkretes Datum hier eintragen: _____	Liefertermin: _____
9.	Schulung HV- Team Schulungsart: _____	Durchführender Mitarbeiter (D)	4 Wochen vorher Konkretes Datum hier eintragen: _____	Alle verfügen über das gleiche Wissen und spre- chen die gleiche Sprache
10.	Auswertung und Kommunikation der Ergebnisse • Feedbackbö- gen Mitarbei- ter • Kundenum- frage • Umsatzanalyse	Durchführender Mitarbeiter (D)	Nach der Aktion	Verbesserungs- vorschläge für weitere Aktio- nen

Quellen

1) ABDA-Bundesvereinigung Deutscher Apothekerverbände: Geschäftsbericht 2007/2008

2) Boyatzis R.E.: The competent manager: A model for effective Performance. New York: John Wiley & Sons 1982

3) Briscoe J., Hall D.: Grooming and picking leaders using competency frameworks: Do they work? An alternative approach and new guidelines for practice. Organizational dynamics 1999; 28: 37-52

4) Bury T., Mead J.: Evidence-based healthcare. A practical guide for therapists. Oxford: Butterworth Heinemann 1998

5) Carl B., Laven A.: Der kommunikative Weg zu Pharmaceutical Care und ein Beispiel in fünf Schritten. PZ Prisma 2002; 1: 33-40

6) Casper V. und Grote S.: Das Ströer-Kompetenzmodell, Managerseminare 126, September 2008, S. 73-79

7) Domsch M., Harms M., Sticksel P.: Bildungsbedarfsanalyse. Studienbrief PE0520. Studiengang Personalentwicklung Technische Universität Kaiserslautern

8) Duden – Das Synonymwörterbuch. Ein Wörterbuch sinnverwandter Wörter. Mannheim, Leipzig, Wien, Zürich: Dudenverlag 2006

9) Erpenbeck J.: Selbstgesteuertes, selbstorganisiertes Lernen. In: Quem (Hrsg.): Kompetenzentwicklung 97 (S. 310-316). Münster: Waxmann 2007

10) Faller H, Lang H. Medizinische Psychologie und Soziologie. Berlin, Heidelberg: Springer Verlag 1998, 2006, 2010

11) Grote S., Kauffeld S., Frieling E.: Kompetenzmanagement. Stuttgart: Schäffer-Poeschel Verlag 2006

12) Immel-Sehr A.: Teilzeit: Gut für Mitarbeiter und Apotheke. Pharmazeutische Zeitung 04/2008

13) Friderich G., Laven A.: Qualitätsstandards im Beratungsgespräch – abgabebegleitende Hinweise PZ Prisma 1999; 1:48-54

14) Laven A.: Hilfe, ein Kunde! 3. Auflage, Eschborn: Govi-Verlag 2014

15) Laven A., Laeer S.: Bedarf von Pharmazeuten an evidenzbasierten Leitlinien für die Selbstmedikation. MMP 2013; 3:102-10

16) Mansfield R.S.: Building competency models: Approaches for HR professionals. Human Ressource Management 1996; 35: 7-18

17) North K.: Wissensorientierte Unternehmensführung. 3. Auflage, Wiesbaden: Gabler Verlag 2002

18) North K.: Das Kompetenzrad. In: Erpenbeck J., von Rosenstiel L. (Hrsg.): Handbuch Kompetenzmessung. Stuttgart: Schäffer-Poeschel Verlag 2003

19) North K., Reinhardt K.: Kompetenzmanagement in der Praxis. Wiesbaden: GWV Fachverlage GmbH 2005

20) Thom N., Zaugg R.J.: Excellence durch Personal- und Organisationkompetenz. Bern: Haupt 2002

Stichwortverzeichnis